"Aquellos a quienes amamos tienen la mayor capacidad de herirnos. Esta es la realidad en la que vivimos, pero el Pastor Jentezen, a su manera tan cautivadora, nos ha dado las herramientas para amar en medio de nuestro dolor. Mi amigo tiene una palabra de Dios inspirada que enriquecerá tu vida. Consigue un ejemplar de su nuevo libro hoy".

Mark Batterson, pastor; autor del éxito de ventas del *New York Times*, *El Hacedor de Círculos*

"*Ama como si nunca te hubieran herido* es un mensaje profundo sobre el poder del amor incondicional. Lectura obligada para todos aquellos dispuestos a sanar las heridas del pasado y acelerar al máximo hacia la vida completa y abundante que Dios ha planeado. En palabras de Jentezen: 'El dolor es parte de la vida. Es inevitable, pero no es el final de la historia'. Es el tiempo de comenzar de nuevo, de sanar y de aprender a amar sin límite".

Lisa Bevere, autora de éxitos de ventas del *New York Times*; cofundadora de Messenger International

"Este podría ser el libro más importante que leas. El nuevo libro del Pastor Jentezen Franklin, *Ama como si nunca te hubieran herido*, nos demuestra el amor extravagante de Cristo y nos inspira a amar como Dios nos amó. Si alguna vez te han herido, traicionado, desanimado o aplastado, este libro fortalecerá tu fe y renovará tu esperanza en que puedes volver a amar".

Craig Groeschel, pastor principal de Life Church; autor de *Daily Power: 365 Days of Fuel for Your Soul*

AMA
COMO SI NUNCA TE HUBIERAN
HERIDO

ESPERANZA, SANIDAD
Y EL
PODER DE UN CORAZÓN SINCERO

JENTEZEN FRANKLIN
CON CHERISE FRANKLIN
Y A. J. GREGORY

WHITAKER
HOUSE
Español

Traducción al español por:
Belmonte Traductores
Manuel de Falla, 2
28300 Aranjuez
Madrid, ESPAÑA
www.belmontetraductores.com

Editado por: Ofelia Pérez

Ama como si nunca te hubieran herido
Esperanza, sanidad y el poder de un corazón sincero
Publicado originalmente en inglés bajo el título
Love Like You Have Never Been Hurt
Hope, Healing and the Power of an Open Heart
Por Chosen Books, una división de Baker Publishing Group, Grand Rapids, Michigan

ISBN: 978-1-64123-011-7
eBook ISBN: 978-1-64123-013-1
Impreso en los Estados Unidos de América
© 2018 por Jentezen Franklin

Whitaker House
1030 Hunt Valley Circle
New Kensington, PA 15068
www.whitakerhouse.com

Por favor, envíe sugerencias sobre este libro a: comentarios@whitakerhouse.com.

3 4 5 6 7 8 9 10 11 12 ᙔ 25 24 23 22 21 20 19 18

A nuestros nietos, Amelia y Luca,

que vivan un legado de misericordia y amor.

CONTENIDO

RECONOCIMIENTOS

Gracias:

A mi maravillosa esposa, Cherise, que ha dado cada paso de este libro conmigo. Que las lecciones de estos capítulos dejen un legado de gracia, amor y perdón a nuestros cinco maravillosos hijos: Courteney, Caressa, Caroline, Connar y Drake.

Para A. J. Gregory. Este libro no hubiera sido posible sin tu tremenda contribución. Eres el mejor, y ha sido un honor trabajar contigo.

A Esther Fedorkevich y el maravilloso equipo de The Fedd Agency por llevar a cabo este proyecto desde el principio hasta el final.

A la familia de Free Chapel y esas personas que han trabajado para hacer que este trabajo sea posible.

A Kim Bangs y el dedicado equipo de Chosen por creer en este libro.

INTRODUCCIÓN

Mark Twain dijo: "Si recoges a un perro hambriento y lo engordas, no te morderá. Esta es la principal diferencia entre un perro y un hombre".[1]

Twain tenía razón.

Puedes cuidar de un perro que ha sido maltratado. Puedes amarlo. Puedes alimentarlo. Puedes decir que es tuyo. A pesar del dolor que ese animal haya soportado y debido a tu amor por él, este perro se convertirá en tu mejor amigo. Te saludará en la puerta cada día. Acudirá cuando le llames. Y te será fiel hasta el día de su muerte.

Tan cierta como es esta relación mutualmente sacrificial de los perros, no siempre es igual de cierta con los seres humanos. De hecho, creo que las mismas personas que más amamos son las que más nos herirán.

Tenemos que aprender a amar como si nunca nos hubieran herido.

Esto es crucial porque, tan cierto como que estás leyendo este libro, alguien te va a romper el corazón. Alguien te va a abandonar o a dejar. Alguien te va a decir algo hiriente. Alguien te va a decepcionar. Alguien te va a defraudar, a mentir, a darte una puñalada por la espalda. Alguien te va a rechazar.

Es probable que alguien ya lo haya hecho. Mientras lees estas palabras, quizá te estés imaginando la cara de la persona que te infringió el daño.

El padre que se fue de casa cuando tenías solo cinco años. El cónyuge que te engañó. El hermano que no te habla. El hijo que ha decidido rebelarse. El amigo que traicionó un secreto sagrado.

Sea lo que sea, has amado mucho y fuiste herido. Ese alguien ha reducido tu suministro de amor. Y no estás viviendo al máximo, como Dios lo quiso, porque no sabes cómo, o si incluso sea posible, amar como si nunca te hubieran herido.

Es fácil amar a otros cuando no tenemos conflictos con ellos, o cuando compartimos los mismos puntos de vista, la misma teología o la misma norma. Es fácil amar cuando el matrimonio está en su etapa de luna de miel, cuando nuestros hijos se portan bien todo el tiempo, cuando tenemos salud y felicidad.

Pero nadie vive en ese estado todo el tiempo.

Jesús nos dijo que en este mundo tendríamos aflicción (ver Juan 16:33). En Mateo 18:7 (RVR 60) incluso dice: *"es necesario que vengan tropiezos".*

Ser herido es parte de la vida. Es inevitable, pero ese no es el final de la historia.

Dios no quiere que seamos heridos andantes. Él quiso que nosotros fuésemos sanados y restablecidos. Él nos creó para amar como si nunca nos hubieran herido porque eso es lo que Él hace, y nosotros estamos hechos a su imagen.

James Garfield tenía cuatro meses como el vigésimo presidente de los Estados Unidos cuando un aspirante a asesino le disparó por la espalda el 2 de julio de 1881. Solo vivió tres meses más.

Tú pensarías que fue el disparo lo que le mató. Pero no fue así.

Verás, la bala no penetró en ningún órgano vital. Se incrustó detrás de su páncreas, pero no era una herida letal. Pero en esos tiempos, los médicos no daban mucha importancia a los gérmenes; ni siquiera sabían que existían porque no los podían ver. Así que minutos después de que el presidente Garfield recibiera el disparo, los médicos introdujeron sus dedos y usaron en su herida instrumentos sin esterilizar. Hurgaron en su cuerpo todo lo que pudieron, con la esperanza de encontrar la bala y sacarla. Siguieron haciendo eso durante ochenta días mientras el presidente Garfield languidecía en el hospital. Como esperaríamos hoy, este proceso regular no esterilizado empeoró la salud del presidente. Desarrolló infecciones y finalmente murió.

Me parece fascinante que el presidente Garfield no sucumbiera a la muerte debido a la herida de la bala. Murió por las infecciones producidas por los médicos que seguían hurgando en la herida.

Es curioso, pero nosotros tendemos a hacer eso con nuestras propias heridas. Volvemos a visualizar los malos recuerdos una y otra vez. Hablamos de ellos repetidamente a cualquiera que nos quiera escuchar. Pensamos en formas de vengarnos. Hurgamos en nuestras heridas. En el proceso, quedamos más amargados; endurecidos. Y a menudo, retiramos nuestro amor de aquellos que más lo necesitan.

Pero no es así como Dios quiere que vivamos. Él quiere darnos un nuevo comienzo. Una nueva historia. Un inicio fresco. Él quiere sanar lo que se ha roto. Él quiere reconciliar lo que se ha desgarrado.

Se trata de entender el perdón y la reconciliación bíblica, y establecer límites saludables, como explicaré en este libro. Amar sin límites no es codependencia o pensamiento irracional, y no es una invitación a ser usado como un felpudo o un poste de los azotes.

El resumen es que necesitamos restaurar nuestras relaciones. El Cuerpo de Cristo está lleno de padres que están separados de sus propios hijos. Algunos no hablan con miembros de su familia desde hace años, aunque viven solo a pocos kilómetros de distancia. Algunos nietos nunca han conocido a sus abuelos. Algunos cristianos que sufrieron abuso cuando eran niños aún guardan la injusticia, haciendo que sea difícil para ellos ir en pos de relaciones saludables en sus propias familias. Algunos han perdido a seres queridos y están demasiado heridos como para saber cómo amar a quienes les quedan.

Esta enfermedad solo la puede curar el Amor.

Si pudiera hablar todos los idiomas del mundo y de los ángeles pero no amara a los demás, yo solo sería un metal ruidoso o un címbalo que resuena. Si tuviera el don de profecía y entendiera todos los planes secretos de Dios y contara con todo el conocimiento, y si tuviera una fe que me hiciera capaz de mover montañas, pero no amara a otros, yo no sería nada. Si diera todo lo que tengo a los pobres y hasta sacrificara mi cuerpo, podría jactarme de eso; pero si no amara a los demás, no habría logrado nada.

El amor es paciente y bondadoso. El amor no es celoso ni fanfarrón ni orgulloso ni ofensivo. No exige que las cosas se hagan a su manera. No se irrita ni lleva un registro de las ofensas recibidas. No se alegra de la injusticia sino que se alegra cuando la verdad triunfa. El amor nunca se da por vencido, jamás pierde la fe, siempre tiene esperanzas y se mantiene firme en toda circunstancia. La profecía, el hablar en idiomas desconocidos, y el conocimiento especial se volverán inútiles. ¡Pero el amor durará para siempre!

1 Corintios 13:1-8

El amor nunca falla.

El amor es una fuerza poderosa. En este pasaje, Pablo destaca que nuestro problema en la iglesia es que ponemos los dones de poder por encima del amor. Pero una buena predicación, reuniones de avivamiento y palabras proféticas, sin amor, fallarán. No se puede ganar a los perdidos con ningún otro lenguaje que no sea el lenguaje del amor.

Cuando procuramos amar a Dios, amarnos a nosotros mismos y amar a otros, podemos aprender a amar a pesar de lo que ocurrió en el pasado. Podemos arreglar el quebrantamiento que ha afectado a nuestras familias durante generaciones. De hecho, Pablo escribió en 2 Corintios 5 que debemos tener un ministerio de reconciliación (ver versículo 18). Si crees en Jesucristo, tienes un llamado a reconciliar.

Nunca es una equivocación amar.

Amar nunca está fuera de orden.

Cuando amas, no transiges.

Cuando amas, nunca bajas tus estándares.

Sé que son verdades pesadas para que algunos puedan digerirlas, y las desmenuzaré a lo largo de este libro para aclarar su significado. Muchos no nos damos cuenta de que lo que más importa en la vida son las relaciones. Una vida abundante no consiste en la abundancia de cosas. El mundo no concede mucho valor a las relaciones. Nos dice que el dinero es importante, que los títulos son importantes, que un buen código postal es importante, que la apariencia es importante, que los automóviles veloces y las casas grandes son importantes.

¿Recuerdas cuando a Jesús le preguntaron cuál era el mayor de los mandamientos? Él respondió: *"Amarás al Señor tu Dios con todo tu corazón, y con toda tu alma, y con toda tu mente. Este es el primero y grande mandamiento. Y el segundo es semejante: Amarás a tu prójimo como a ti mismo"* (Mateo 22:37-39 RVR 60).

Aquí, Jesús enfatizó de forma clara la importancia de las relaciones. De eso se trata la vida: de amar a Dios, amarnos a nosotros mismos y de amar a otros.

Yo sé lo que es que te hieran. No te estoy diciendo que hagas algo que yo mismo no he hecho, e incluso cometí errores al intentarlo. Conozco la tentación de no querer soltar el dolor o la decepción.

Mi matrimonio ha sufrido pruebas y luchas severas, y también mi familia. Al escribir este libro, mi esposa y yo decidimos compartir algunas cosas que nunca antes habíamos compartido. Decidimos que no tenemos que aparentar una fachada ministerial. ¡La vida es como es! A veces me sentí no apto para predicar a otros porque mi propio matrimonio y mi familia estaban pasando por un infierno.

Lo que aprendí fue que si estás pasando por un infierno, no te detengas ahí. Continúa avanzando hasta que llegues al otro lado.

He descubierto que la aflicción es uno de los grandes siervos de Dios porque nos recuerda lo mucho que le necesitamos a Él continuamente. A Dios no le desalientan nuestras aflicciones. Él dice: *Yo te ayudaré. Sin duda lo haré.* Cuando has llegado todo lo lejos que podías, has estacionado en la plaza del garaje de Dios. Cuando estés listo para bajar tus manos, entrégaselas a Él.

Algunos momentos lo cambian todo acerca de ti y de tu familia para el resto de tu vida. Ya sea una pérdida, o una traición, una adicción, una infidelidad. Sin duda alguna, estas cosas afectan las dinámicas de nuestras relaciones.

Pero Dios hace nuevas todas las cosas.

Es tiempo de dejar que Él nos dé un nuevo comienzo. Es tiempo de dejar que Dios vende tus moratones y cure tus heridas.

Me encantan estas palabras escritas por el viejo profeta:

> *Y la luz de la luna será como la luz del sol, y la luz del sol siete veces mayor, como la luz de siete días, el día que vendare Jehová la herida de su pueblo, y curare la llaga que él causó.*
>
> Isaías 30:26 (RVR 60)

Si dejas que Dios sane tus heridas, tus noches serán como días y tus días brillarán siete veces más.

Piensa en esto un momento.

¿Quieres tener la razón o ser reconciliado?

¿Quieres estar herido o ser sanado?

¿Quieres seguir siendo la víctima o comenzar a completarte?

Como has comenzado a leer este libro, estoy bastante seguro de saber cuál es tu respuesta. Y la única manera de ser reconciliado, sanado y completo es amar como si nunca te hubieran herido.

CAPÍTULO UNO

EL AMOR IMPORTA

Nuestra hija nos echó una mirada furiosa a mi esposa Cherise y a mí. Sus ojos ardían de enojo.

Si has educado a algún adolescente, sabrás de lo que estoy hablando. No sé lo que es, pero la mayoría de los niños en esta edad parecen perder la cabeza durante unos seis años.

"¡No me pueden decir lo que tengo que hacer!", gritó mi hija.

Yo le miré directamente a los ojos. "Vamos a arreglar esto".

"Vaya", se quejó ella. "¡De ningún modo! Yo me voy".

"¡Claro que no! No vas a ningún sitio hasta que nos sentemos y hablemos!", le dije yo con los dientes apretados.

En el instante en que nuestra hija se dirigió hacia la puerta de nuestro cuarto, yo me posicioné. Posición de defensa. Estirando ambos brazos, bloqueé su camino.

"¡No me pueden encerrar aquí!", gritó nuestra hija.

"Claro que podemos", le grité yo, moviendo mis brazos salvajemente.

Mi frustración aumentaba, pero mi corazón se partía. Discusiones como esta se habían producido muchas veces, a mi parecer, no solo con esta hija, sino también con otros.

Durante este episodio en particular, estábamos en medio de una crisis familiar. Cada día traía una nueva pelea. Algunas colisiones eran más perturbadoras que otras. Algunas suscitaban una profunda tristeza. Otras, palabras duras.

Comenzó cuando nuestra hija mayor se fue a la universidad. De niña, era una hija modelo, pero durante las primeras semanas de clases fuera de casa, comenzó a desviarse. Quería ver cómo era la vida al otro lado de la vida de la iglesia. Se juntó con las personas equivocadas, y tomó algunas de las peores decisiones que una joven podría tomar.

A medida que la situación empeoraba, mi esposa y yo sabíamos que teníamos que hacer algo.

Nunca olvidaré el día en que estaba dando los últimos retoques a un sermón que estaba a punto de predicar en treinta minutos. Cherise entró en la sala, con una misión. La expresión de su rostro lo decía todo.

"Jentezen, voy a buscar a nuestra hija. ¿Vas a escoger la iglesia, quedarte y predicar, o vas a escoger a tu hija y vendrás conmigo?".

La respuesta era obvia. Dejé lo que estaba haciendo para ocuparme de mi familia.

Cherise y yo no hablamos mucho en nuestro viaje de tres horas en auto hasta la universidad. Nuestra hija no sabía que íbamos, y mucho menos que teníamos la intención de sacarla de allí y llevarla a casa. No sabíamos qué esperar.

Al llegar, Cherise le llamó por teléfono. Mi esposa le preguntó qué estaba haciendo, pero no le dijo que estábamos allí. Yo esperaba en el auto mientras Cherise entraba en el edificio donde estaba nuestra hija. De repente, mi esposa la vio caminando hacia el vestíbulo donde ella estaba de pie.

En el momento en que nuestra hija vio a Cherise, se derrumbó. Cayendo de rodillas, comenzó a sollozar de forma incontrolable.

"Hemos venido para llevarte a casa", dijo Cherise, amablemente. "Ahora mismo".

Y con esas palabras, los tres abandonamos el campus. Ninguno de los dos miramos atrás. Ni siquiera fuimos al cuarto de nuestra hija ni llevamos nada con nosotros; dejamos su cuarto tal como estaba. Las cosas que había en su interior no nos importaban. Queríamos a nuestra bebita en casa.

Una vez que se instaló con nosotros, las cosas empeoraron en algunos sentidos. Le rogamos y suplicamos. Discutimos y le gritamos. Intentamos controlarla con dinero. Le quitamos su automóvil. Le prohibimos ir de fiesta y salir con amigas que eran una mala influencia para ella. Nada funcionó. Cada vez se endurecía más.

Esta contención constante comenzó a afectar la atmósfera de nuestro hogar. Siempre estábamos discutiendo, confrontando mentiras y engaños. Esta crisis absorbió la vida de mi esposa y la mía. Nuestros corazones estaban rotos. Teníamos muy poco gozo. Éramos personas distintas, envejecidas y emocionalmente agotadas.

A veces, Cherise y yo no estábamos de acuerdo en cómo debíamos disciplinar, y eso provocó fricciones en nuestro matrimonio, que fueron abrumadoras. La estrategia de Satanás no ha cambiado: divide y vencerás. Una casa dividida no puede permanecer.

> **La estrategia de Satanás no ha cambiado: divide y vencerás.**

Mis otros hijos estaban sufriendo la vida en esta zona de guerra. Observaron rápidamente el cambio que sufrimos Cherise y yo, y no les gustaba. Tres de nuestros hijos eran adolescentes en ese entonces y tenían que lidiar con sus propios asuntos. Parecía que cada día enfrentábamos una crisis de algún tipo al menos con uno de nuestros hijos.

Uno de esos momentos fue el incidente sobre el que escribí al comienzo de este capítulo. Regresemos a él por un momento. Cuando yo estaba bloqueando el acceso de mi hija para que no saliera del cuarto, no pude evitar preguntarme: *¿Cuándo va a terminar todo esto?*

La discusión aumentó. Observé que mi voz subía de volumen e intenté domar mi lengua. No era fácil. Nuestra hija intentó hacer otro movimiento hacia la puerta cerrada del cuarto, pero Cherise y yo estábamos decididos. Estuvimos firmes, bloqueando cada uno de sus movimientos.

Exasperada, finalmente gritó: "Si no me dejan hacer lo que yo quiera, voy a—". Mientras ella soltaba una amenaza desesperada y cargada de emoción de hacerse daño, yo respondí con palabras propias. Por supuesto, no había una verdad legítima en lo que ella dijo, mi esposa y yo sabíamos que era el típico teatro dramático de una adolescente, pero fue un punto de inflexión que llevó el dramático intercambio a su nivel más alto. Los tres estábamos gritando en este punto. La conversación no iba a ningún lado, pero el conflicto iba en aumento.

Estuvimos así un rato. En cierto momento, Cherise salió del cuarto. Cuando estaba en el pasillo, prácticamente se tropezó con nuestros dos hijos más pequeños. Nuestra hija menor tenía diez años, y nuestro hijo menor y único tenía nueve. No recuerdo cuál de los dos hacía qué, pero uno de ellos estaba orando fervientemente y el otro imploraba la sangre de Jesús una y otra vez. Fue un momento tierno.

Como lo cuenta nuestra hija, al escuchar la acalorada discusión, ella sintió que debía provocar una interferencia espiritual. Tomó a su hermano de lo que estaba haciendo y le dijo: "Tienes que venir conmigo al cuarto de mamá y papá, rápido. El diablo está en la casa. ¡Tenemos que ir allí y orar!".

Nuestro hijo asintió y le siguió. "Oye", dijo él, mientras bajaban las escaleras hasta la primera planta, "llévate la Biblia. Tenemos que llevar la Biblia con nosotros".

A mitad de un paso, nuestra hija asintió con su cabeza y corrió otra vez a su cuarto. Cuando nuestro hijo vio que regresaba a las escaleras para bajar con él con su Biblia color rosita de niña, sus ojos se abrieron como platos. "¡No, no, no!", dijo él, sacudiendo su cabeza en descontento. "Una Biblia rosa no va a funcionar. ¡El diablo *realmente* está en esta casa! ¡Tienes que conseguir una Biblia negra!".

Cherise y yo nos partíamos de la risa cuando nuestra hija nos contó esta historia. Nos ayudó a aliviar la tensión, por poco tiempo.

Pero incluso una historia bonita no puede enmascarar una realidad desesperada.

Las discusiones y peleas constantes en nuestro hogar fragmentaron la que solía ser una pacífica dinámica familiar. De modo extraño, mientras nuestra familia se esforzaba por sacar el agua y mantenerse a flote, nuestra iglesia crecía exponencialmente. Comenzaron a abrirse puertas asombrosas para el ministerio. Se construyeron nuevos edificios de varios millones de dólares. Mis libros se convirtieron en éxitos de ventas del *New York Times*. Canales de televisión cristiana comenzaron a retransmitir nuestros sermones semanalmente por todo el mundo. Todo esto sucedía mientras yo estaba pasando por algo que me parecía un valle de sombra de muerte en mi propia casa.

Mirando atrás a cómo Cherise y yo seguimos adelante, solo puedo decir que fue por la gracia de Dios. Algunos domingos, antes de predicar, me ponía de rodillas en mi oficina y lloraba. "Dios", decía, "no sé cómo voy a hacer esto. Tengo miedo. Estoy roto; herido. Me dan ganas de huir y no regresar nunca, pero no voy en mi nombre o en mi propio poder. Voy en tu nombre y en el poder de tu Espíritu. No abandonaré la batalla por mi familia. Ayúdame. Te pertenezco. Soy tuyo". Y cuando me levantaba y predicaba, la gracia de Dios venía y las reuniones eran poderosas.

He descubierto una verdad impactante: a Dios le atrae la debilidad. No puede resistirse cuando nos humillamos y admitimos con sinceridad cuán desesperadamente le necesitamos. Cuando somos vasos vacíos, Él anhela llenarnos con su gracia, amor y bondad. Esta es la ley de la atracción de Dios.

> **A Dios le atrae la debilidad. Cuando somos vasos vacíos, Él anhela llenarnos con su gracia, amor y bondad.**

Recuerdo incontables domingos en los que nuestros hijos nos acompañaban a la iglesia, pero nos dejaban claro que era el último lugar en el que querían estar. Nunca subestimes el poder de tan solo estar ahí. Cuando parece que la Palabra no está obrando, sí lo está. Si pones la Palabra a funcionar, la Palabra funcionará. No volverá atrás vacía. Sea cual sea la mala noticia que recibíamos sobre nuestras hijas adolescentes, seguíamos intercediendo, seguíamos llevándolas a la iglesia, seguíamos llevándolas a la primera fila. Y yo seguía predicando la Palabra.

Un fin de semana, mi esposa me llamó. Nuestra hija mayor se había ido de casa. Acabábamos de regresar de un viaje a Orange County (California), y nos encontramos con una nota que decía que se había ido para siempre. Decía algo así: "No puedo vivir con estas reglas. Voy a hacer lo que quiero. No puedo seguir provocándoles este dolor". Cherise recuerda pensar que al menos nuestra hija fue lo suficientemente cortés para dejar una nota antes de irse por última vez.

Mi esposa y yo teníamos roto el corazón. Durante una semana, no supimos dónde estaba. Cherise sufrió lo que solo se puede describir como un proceso de duelo. Hicimos todo lo que pudimos para encontrar a nuestra hija, y no pudimos. Lloramos durante días y noches, sin saber dónde estaba nuestra niña.

Finalmente, tras una semana, ella llamó. Nos aseguró que estaba bien y que estaba trabajando como niñera en casa de una familia de la localidad. Durante los siguientes meses, vino a nuestra casa solo en ocasiones. Nuestro contacto con ella era muy limitado. Un día, nos dijo que se había enamorado, y meses después la casó un juez de paz. Nos enteramos por un mensaje de texto.

Fue un golpe demoledor para una familia que en un tiempo estuvo muy unida. Cherise sintió que le robaron el sueño de prepararse y ver casarse a nuestra hija mayor. Recuerdo que, una semana después, oficié la boda de una de sus amigas. Cuando vi a la novia y a su padre caminando por el pasillo, se me rompió el corazón. Quedé devastado. Tuve que poner todo mi empeño para no mostrar mis emociones. Yo nunca tuve la oportunidad de hacer lo mismo con mi propia hija.

La verdad es que algunas cosas se rompen, y nunca se pueden volver a dejar exactamente igual que estaban. Pero Dios puede hacer nuevas todas las cosas.

Fue en ese entonces cuando oí por primera vez la frase *Ama como si nunca te hubieran herido*. Las personas especulan sobre quién la dijo originalmente, pero las palabras cobraron vida en mi corazón cuando las escuché.

Si estás dispuesto a amar como si nunca te hubieran herido, Dios puede sanar cada relación rota en tu vida. Nehemías 4:2 habla sobre los israelitas cuando reconstruían los muros de Jerusalén desde el polvo y las piedras quemadas.

> **Algunas cosas se rompen y nunca se pueden volver a dejar exactamente igual que estaban. Pero Dios puede hacer nuevas todas las cosas.**

"¿Realmente creen que pueden hacer algo con piedras rescatadas de un montón de escombros, y para colmo piedras calcinadas?".

No desestimes las piedras que se han quemado. Dios puede usarlas, y lo hará, para reconstruir tu familia.

Reconectar y reconstruir las murallas rotas en nuestra familia no ha sido un proceso fácil ni rápido, lo admito. Aún tenemos retos que tenemos que solucionar y superar, pero hemos decidido amar como si nunca nos hubieran herido. Es una decisión que tenemos que tomar una y otra vez.

No siempre lo hemos hecho bien, pero Cherise y yo hemos hecho este compromiso con nuestra familia. Hemos sido alentados por el viejo proverbio que dice que cuando educas a tus hijos en el camino por el que deben ir, cuando sean viejos, no se apartarán de él (ver Proverbios 22:6).

Nuestra hija mayor hoy ama a Jesús con todo su corazón. Es la directora de redes sociales de una iglesia grande en la zona de Atlanta. Su esposo trabaja también allí como artista gráfico. Nos bendijeron con nuestra primera nieta preciosa: Amelia.

Otra hija está casada, y junto a su esposo pastorean nuestra iglesia en Orange County y tienen un hijo precioso: Luca. Mi tercera hija estudió en la Universidad Oral Roberts, se graduó de la Universidad Vanguard en California y está involucrada en el ministerio. Mi hija menor está en su segundo año de universidad en Los Ángeles. Es modelo profesional y ama a Jesús por encima de todo. Nuestro hijo estudia en la Universidad Liberty y está siguiendo un llamado enorme en su vida. Este ha sido el fruto de negarnos a permitir que el dolor dicte cómo amamos a nuestros hijos.

Mientras escribía este capítulo, me acordé del primer sermón que prediqué en mi vida. Tenía veinte años. Llegué a una pequeña iglesia rural en la que hablé delante de cincuenta personas. Al acercarme al púlpito, tenía un nudo en el estómago por los nervios.

Hablé de Filipenses 3:13-14 (RVR 60):

> *Hermanos, yo mismo no pretendo haberlo ya alcanzado; pero una cosa hago: olvidando ciertamente lo que queda atrás, y extendiéndome a lo que está delante, prosigo a la meta, al premio del supremo llamamiento de Dios en Cristo Jesús.*

Di todo el mensaje a tropezones por los nervios. Pero cuando terminé, Dios había tocado vidas y los altares se llenaron.

El punto principal en ese primer sermón era este: "No solo necesitas una buena memoria. A veces necesitas un buen olvido". Para avanzar, tienes que soltar el pasado. Tienes que liberar lo que hay detrás de ti y extenderte a lo que tienes por delante. Si persigues un nuevo día, Dios comenzará, poco a poco, a liberarte de tu pasado.

Es curioso que, treinta y cuatro años después, estoy escribiendo este libro sintiendo un pesado mandato de Dios de decir lo mismo.

La vida es una aventura en el perdón. Todo se trata de soltar y perseguir. Soltar el pasado y perseguir el futuro. La única manera de hacer esto es amar como si nunca te

> **Para avanzar, tienes que soltar el pasado y perseguir el futuro.**

hubieran herido. Significa amar de forma tan intensa que supere todos tus instintos naturales de amargura y venganza.

Nunca avanzarás intentando vengarte. Cuando te hayan ofendido, tu mejor respuesta es una mala memoria. Una buena dosis de olvido es lo que todos necesitamos.

¿Alguna vez has visto cómo un joyero enseña sus mejores diamantes? Los pone ante un fondo de terciopelo negro. El contraste de las joyas contra el fondo negro acentúa su lustre.

Del mismo modo, Dios hace su obra más asombrosa donde las cosas parecen no tener salida. Donde hay dolor, sufrimiento y desesperación, Jesús está ahí. No hay mejor lugar para que el brillo de Cristo pueda resplandecer.

No sé por lo que estás pasando en tu vida mientras lees este libro, pero una cosa sé: el dolor que sientes hoy es el dolor que puedes sanar.

Yo nunca he sentido el dolor de la adicción. Nunca he sentido el dolor de perder un hijo. Nunca he sentido el dolor del divorcio. Solo puedo ofrecer a las personas el consejo de la Palabra de Dios y la oración. Pero las personas que han *pasado* por esos valles y han sentido el dolor son los más aptos para ayudar a sanar a otros que están pasando por las mismas crisis. Sin embargo, es importante recordar que al margen de cuál sea la fuente de tu dolor, Dios puede sanarte.

Se ha dicho que la familia nos proporciona las mayores alegrías de la vida y a veces los dolores más profundos de la vida. Cuando pienso en lo difícil que es hacer que la familia funcione, los desafíos que vienen y las complicaciones que presenta, es realmente algo más. Los familiares saben cómo fastidiarnos. Pueden hacer que perdamos los estribos. Las personas que más amamos son quienes potencialmente, mediante las ofensas, pueden infectarnos si no reaccionamos correctamente. Pero he aprendido que con los retos viene la oportunidad. Y la familia también nos proporciona la mayor posibilidad de que aprendamos a amar como si nunca nos hubieran herido.

LA GRAN IDEA

El dolor que sientes hoy es el dolor que puedes sanar.

CAPÍTULO DOS

EL AMOR NUNCA FALLA

Muchos cristianos en estos tiempos no saben cómo hacer que sus familias funcionen. El Cuerpo de Cristo está lleno de padres separados de sus propios hijos. Algunos de ellos ni siquiera han visto a sus nietos. Algunos amigos nunca han descolgado el teléfono y han hablado con sus seres queridos desde hace años, debido a pequeñas disputas. Algunos cristianos han borrado a familiares solo porque han decidido vivir en base a unas normas distintas.

¡Hay algo que no encaja aquí!

No sabemos cómo amar: todo el tiempo. Sí, podemos amar cuando estamos de acuerdo el uno con el otro. Podemos amar cuando tenemos los mismos puntos de vista. Podemos amar cuando compartimos el mismo estilo de vida. Podemos incluso amar a extraños o a quienes no nos conocen bien. Pero sé que es mucho más difícil amar a los que están más cerca de nosotros. ¿Por qué? Porque son quienes más pueden herirnos.

El amor gana: siempre

Como creyentes, estamos llamados a vivir de otra forma. No amamos como ama el mundo, que es de forma condicional, solo cuando se cumplen las expectativas o cuando uno se siente bien. Amamos como Dios ama.

Hay solo dos temas en la Biblia que Dios cree que son lo suficientemente importantes para dedicarles un capítulo entero: uno, la fe (ver Hebreos 11), y dos, el amor (ver 1 Corintios 13). Evidentemente, Dios siente que el amor y la fe son tan importantes que deben ser verdades fundamentales en nuestras vidas.

Dios sabe que el amor es un arma poderosa. Cuando Él mira nuestro mundo, cautivo por el enemigo, sabe que la forma de luchar no es con ángeles, palabras proféticas o una poderosa adoración. Su mayor arma es el amor.

El amor es amable. El amor no piensa mal. El amor es permanente. El amor soporta. El amor no se rinde. No puedes caminar en amor hasta que camines en perdón. Quizá no estemos de acuerdo en todo, pero si nos enfocamos en la sangre y el perdón de Jesucristo, ¡podemos tener unidad! Podemos amarnos unos a otros como Dios nos ama.

Cuando Jesús resucitó de la muerte, buscó y encontró a su discípulo Simón Pedro. Entonces le hizo una pregunta tres veces: "*Simón, hijo de Juan, ¿me amas?*" (Juan 12:15-17). En español solo tenemos una palabra para *amor*. En el lenguaje griego, sin embargo, hay tres. *Eros* significa "sexual". *Fileo* dice: "Me siento atraído hacia ti. Siento algo por ti". Pero el nivel más alto de amor es *ágape*, que es "amor divino".

Cuando Jesús le preguntó a Simón: "¿Me amas con amor *ágape*?", le estaba preguntando: "¿Tienes el nivel de amor más alto hacia mí?". Simón respondió: "Te amo con *fileo*" ("Siento algo por ti"). En otras palabras, no estaba en el mismo nivel de amor que Jesús le estaba pidiendo.

Jesús le volvió a preguntar: "¿Me amas con amor *ágape*? ¿Sientes por mí un amor divino?". Simón Pedro se exasperó un poquito con Jesús, y dijo de nuevo: "¡Sí, Señor! ¡Siento amor *fileo*!". La tercera vez es lo interesante. Jesús le preguntó: "Simón, ¿sientes amor *fileo* por mí?".

En otras palabras, Jesús le ofreció el nivel más alto de amor, y cuando se dio cuenta de que Simón Pedro no podía alcanzar ese nivel, le bajó un punto. Me pregunto: ¿cuántas cosas haría Dios por nosotros si subiéramos un punto en nuestro nivel de amor por Él? ¿Si tuviéramos algo más que una relación informal con Él? ¿Si le diéramos rienda suelta en nuestro corazón?

Creo que Dios nos está llamando a un nuevo nivel de amor.

El amor es la respuesta para el hogar roto. El amor es la respuesta para el adicto. El amor es la respuesta para las relaciones fragmentadas. El amor es la respuesta a estar ofendido. El amor es la respuesta al quebranto. El amor es un arma que puede demoler la división y reconstruir lo que se ha roto.

¿Qué está sucediendo en tu vida ahora mismo que te prueba en tu forma de amar? ¿Acabas de descubrir que tu cónyuge te ha estado engañando? ¿Quieres reconectar con la hija a la que no hablas desde hace

> **El amor es un arma que puede demoler la división y reconstruir lo que se ha roto.**

meses? ¿Te acaba de decir tu hijo que su novia está embarazada? ¿Está sufriendo tu hijo o hija adolescente una adicción que está agobiando no solo su vida, sino también la de cada miembro de tu familia? ¿Tu hija adulta te acaba de decir que es lesbiana y que no quiere saber nada acerca de Dios?

Diferentes dinámicas y complejidades caracterizan cada una de estas situaciones, pero son todas reales. Son difíciles, y duelen.

Me pregunto qué pasaría si decidiéramos que, con la ayuda de Dios y en su fuerza, vamos a amar como si nunca nos hubieran herido. En lugar de retirar el afecto, quedarnos amargados o buscar venganza, amamos.

Y cuando hayamos decidido hacerlo, ¿cómo? Mediante algunas decisiones clave que nos ayudarán a llegar hasta ahí:

1. Decide amar por encima del dolor.

2. Decide amar a otros: siempre.

3. Decide avanzar.

4. Decide sanar tus heridas.

5. Decide seguir conduciendo.

Decide amar por encima del dolor

La Biblia nos da muchos ejemplos de personas que escogieron amar por encima del dolor. Estas personas sabían que el amor nunca falla.

Pienso en el joven José. El penúltimo hijo de doce hermanos nacidos de Jacob, favorito de su padre, y todos en la familia lo sabían. Los celos se llevaron lo mejor de sus hermanos. Odiaban a José y no podían decirle ninguna palabra buena (ver Génesis 37:4).

José también tenía un don: la capacidad de interpretar sueños. Cuando tuvo un sueño en el que su familia se postraba ante él, se lo contó a sus hermanos, y su odio hacia él creció. Se pusieron tan celosos que tramaron un plan para asesinarle. Pero uno de los hermanos, Judá, sugirió que en vez de matar a José, sería mejor venderlo como esclavo. Después, engañaron a su padre haciéndole creer que al pobre muchacho le había matado un animal salvaje.

Piensa en esto: a José no le abandonaron unos extraños. Fue traicionado por su familia. Su propia carne y sangre le vendió como un artículo inservible, sucio y que no valía para nada.

Quizá conoces bien el aguijón del odio o el resentimiento. Quizá un amigo íntimo te abandonó porque él o ella estaba celoso. En vez de animarte, de creer en ti, esa persona te dejó. Quiero recordarte que cuando el mundo de José se puso patas arriba, cuando toda esperanza parecía haberse secado, él se aferró.

Llevado lejos de su casa, José fue vendido a un oficial egipcio en el palacio del faraón. Allí fue falsamente acusado de violación y llevado a la prisión. Mientras estaba en prisión, interpretó correctamente los sueños de algunos compañeros de prisión, y finalmente el faraón le llamó para que interpretase uno de sus sueños. No era un sueño bueno. El sueño significaba que Egipto iba a experimentar siete años de prosperidad seguidos de siete años de hambruna. José también le dio algún buen consejo al líder egipcio, al sugerir que el faraón pusiera a alguien a cargo de toda la nación que le ayudase a recoger y almacenar el alimento producido en los siete años buenos (ver Génesis 41:33-36). El faraón quedó tan convencido que nombró a José como el segundo en rango sobre todo Egipto.

Durante la hambruna, los hermanos mayores de José llegaron a Egipto a comprar comida. Estuvieron delante del hermano a quien habían vendido, pero no pudieron reconocerle. José era un hombre poderoso. Tenía las llaves para la provisión de alimento del mundo. Y delante de él estaban los mismos familiares que habían abusado de él, y que habían permitido que trabajara trece años como esclavo y que fuera arrojado en prisión por un delito que no había cometido.

José tenía que tomar una decisión.

Podía haberles hecho lo mismo que le habían hecho a él, o podía amar como si nunca le hubieran herido.

Se ha dicho que la profundidad de tu herida determina la anchura de tu respuesta. Cuando te han herido, tu instinto probablemente quiera devolver con otro daño. ¿Alguna vez te has visto en una

> **La profundidad de tu herida determina la anchura de tu respuesta.**

situación en la que tenías el poder para vengarte de alguien? Quizá lo hiciste, quizá no. Piensa en lo que hubieras hecho en la situación de José.

Mediante una serie de vicisitudes, José finalmente reveló su verdadera identidad a sus hermanos. En un momento poderoso, escogió perdonarles. Sus palabras para ellos son emotivas: *Vosotros pensasteis mal contra mí, mas Dios lo encaminó a bien*" (Génesis 50:20 RVR 60).

José no solo se sanó a sí mismo interiormente, sino que también sanó y salvó a toda su familia.

Tienes que amar como si nunca te hubieran herido.

David tenía un padre que no creía en él. El profeta Samuel había llegado a su casa para ungir al siguiente rey de Israel, bajo la instrucción de Dios; Samuel le dijo a Isaí, el padre de David: "Trae a todos tus hijos, porque uno de ellos va a ser el rey". El padre de David hizo desfilar a siete de sus hijos delante de Samuel. Ni siquiera se molestó en añadir a David al desfile.

Fue como si Isaí estuviera diciendo: "No es necesario traer a David. Es un perdedor. Es un fracaso. Nunca conseguirá nada". Quizá te resultan familiares estas palabras. Quizá incluso se las hayas oído a alguno de tus padres. ¿Perdura aún el dolor? ¿Afecta ese dolor a tus actuales relaciones?

David podía haberse enojado con su padre. Podía haber usado el dolor como leña cuando más adelante otros le hirieron, incluida su amargada esposa Mical, que se burló de él, y su hijo Absalón, que planeó matarle. Ese es un gran dolor, provocado además por las personas que se supone que más debían amarle.

> **Cuando amas como si nunca te hubieran herido, Dios usará para su gloria incluso lo peor que te hayan hecho.**

Aunque David podía haberse enojado o vengado, no lo hizo. La Biblia nos dice que David era un hombre conforme al corazón de Dios. Siguió amando como si nunca le hubieran herido.

Tienes que amar como si nunca te hubieran herido. Tienes que rehusar amargarte. Tienes que rehusar enojarte. Tienes que rehusar vengarte.

Cuando amas así, Dios te levantará y usará para su gloria incluso lo peor que te hayan hecho.

Jesús fue traicionado por uno de sus propios discípulos. Fue abandonado por otros. Los soldados romanos le golpearon. Le clavaron a una cruz. Le alancearon en un costado. Le pusieron una corona de espinas en su cabeza. Tomaron esa cruz y la soltaron en el suelo con un golpe. Y Él levantó su voz y dijo: *"Padre, perdónalos, porque no saben lo que hacen"* (Lucas 23:34 RVR 60).

Jesús amó como si nunca le hubieran herido. Él nos ama como si nosotros nunca le hubiéramos herido. Él nos ama como si nunca hubiéramos fallado. Él nos ama como si nunca le hubiéramos mentido. Él nos ama como si nunca hubiéramos hecho lo que dijimos que no volveríamos a hacer.

El amor de Cristo no fue cauto, sino extravagante.

Al imitar a Jesús, podemos amar del mismo modo, incluso cuando nos han herido.

Decide amar a otros: siempre

En algún lugar de tu ciudad hay un joven que le acaba de decir a su familia cristiana que es *gay*. En algún lugar hay una joven que admitió a sus padres que es atea. En algún lugar, un adolescente se acaba de meter en problemas con la justicia o le acaba de contar a sus seres queridos la batalla que sostiene con las drogas.

Como padres, ¿qué se supone que debemos hacer en estas situaciones? ¿Castigar a nuestros hijos? ¿Dejar de hablarles? ¿Abandonarlos? ¿Rendirnos con ellos?

Esto es lo que deberíamos hacer: amarlos como si nunca nos hubieran herido. Come con ellos. Llámalos. Escríbeles un correo electrónico. Acércate a ellos. Mantente a su lado. Diles: "Quiero tener una relación contigo porque te amo".

Cuando amas a alguien, eso nunca fallará. Cuando amas a alguien, ese amor le llegará.

A veces pensamos que estamos haciendo algo bueno cuando rehusamos tener contacto con seres queridos que no están viviendo según nuestra norma, pero eso no es cierto. Hablaré más sobre esto en el siguiente capítulo, pero por ahora debes saber esto: el amor nunca falla.

Dios nos ha llamado a amar como si nunca nos hubieran herido.

Decide avanzar

Si alguien te ha herido, si te han traicionado, abusado, abandonado, han murmurado de ti, o lo que sea, llega un momento en el que tienes que apartarte del dolor de esa situación y decir: "Ya he tenido suficiente".

Quedarte amargado, volviendo a vivir el recuerdo o albergando el dolor no te lleva a ningún sitio. Es contraproducente. Tienes que decidir detener ese ciclo. Soltar. Dejarlo atrás. Pablo nos animó diciendo: *"avanzo hasta llegar al final de la carrera para recibir el premio celestial al cual Dios nos llama por medio de Cristo Jesús"* (Filipenses 3:14).

Es el momento de dejar que Dios te sane. Es el tiempo de dejar que Dios te restaure. Es el tiempo de dejar que Dios haga una obra poderosa.

Pero, Pastor Jentezen, no puedo. Duele demasiado. Es demasiado difícil.

Lo entiendo. De verdad que lo entiendo.

Decide sanar tus heridas

Juan 10:10 nos dice que el propósito del enemigo *"es robar y matar y destruir"*. El diablo no pelea limpio, y no se detendrá hasta que estés herido de muerte.

Quizá estés lidiando con un gran conflicto en tu familia. Quizá estés luchando en tu matrimonio. Tal vez has perdido un hijo por el cáncer. Cuando tu corazón está roto a tal grado que parece no tener arreglo, las heridas se hacen más profundas. Y aunque no todas las heridas son fatales, si no sanan, pueden matarte. El diccionario define una herida como "una lesión para el cuerpo (por violencia, accidente o cirugía) que por lo general conlleva laceración o rotura de una membrana (como la piel) y por lo general daña los tejidos subyacentes". Una herida es algo más que un corte superficial. Una herida llega tan profundo que rompe y penetra en el alma y el corazón de una persona.

Quizá sepas lo que es ser herido por el divorcio, el abandono, la bancarrota, ver a tus hijos cada quince días o no verlos, o una adicción en tu familia. Todos tenemos heridas que parecen que no pueden sanar. Pero hay buenas noticias: nunca es la voluntad de Dios que la herida nos mate.

Jesús fue *"traspasado por nuestras rebeliones y aplastado por nuestros pecados. Fue golpeado para que nosotros estuviéramos en paz; fue azotado para que pudiéramos ser sanados"* (Isaías 53:5). Jesús recibió heridas mortales en el Calvario, pero tres días después resucitó de la muerte. Y cuando sus heridas mortales fueron sanadas, nació una iglesia y un mundo cambió.

Veo que muchos luchamos con la tentación de querer esconder nuestras luchas. Hemos pasado por cosas, pero no queremos que nadie lo sepa. En su lugar, ponemos una fachada. Fingimos una sonrisa, decimos lo correcto y escondemos el equipaje. Queremos que quienes nos rodean piensen que tenemos la vida perfecta, el matrimonio perfecto, la familia perfecta. Preferimos fingir que somos tan espirituales que somos inmunes a las crisis.

Sé lo que es querer esconder las cosas malas e ignorar las realidades de una familia en conflicto. Pero, oye, sería un necio si dijera que nunca he tenido problemas en mi matrimonio o en mi familia.

> **Dios quiere sanarte de tus heridas, pero primero tienes que dejar que lo haga.**

Dios quiere sanarte de tus heridas, pero primero tienes que dejar que lo haga. Y para dejarle, tienes que admitir tu quebranto.

Ahora bien, no tienes que contarles a todos tus seguidores de Facebook o Twitter todos los detalles de tu lucha, pero es importante rendirlos primero a Dios. Pídele que te transforme, que te sane, que te libere de la amargura, del enojo, el temor, la depresión o la desesperanza.

Cierra tus ojos y respira hondo.

Oirás a Jesús susurrar: *"Vengan a mí todos los que están cansados y llevan cargas pesadas, y yo les daré descanso"* (Mateo 11:28).

No estoy diciendo que vaya a ser fácil. Es un proceso, y a veces largo. Como cristianos, queremos lo instantáneo. Somos una generación de microondas que anhela soluciones a problemas en treinta segundos como mucho. Noticia de última hora: aunque Dios ciertamente hace liberaciones al instante, esa suele ser la excepción, y no la norma.

Así que ora, y sigue orando. Cree y sigue creyendo. Perdona y sigue perdonando. Habla con un terapeuta si eso te ayuda. Realiza un programa de doce pasos. Lee libros. Obtén sabiduría de los consejos piadosos. Haz lo que sea necesario para sanar la herida.

Ah, y esto es lo primero acerca de las heridas: sanan, pero dejan algo al hacerlo: cicatrices.

Cuando Jesús se apareció a los discípulos después de la resurrección, les mostró sus heridas: dos veces. Parece que era intencional al querer enseñárselas.

Las cicatrices no es algo de lo que avergonzarse. Son un testimonio de la capacidad de Dios para sanar heridas mortales.

Las cicatrices son recordatorios de lo malo que fue en un tiempo y cómo pudiste vencer a través de Cristo.

Las cicatrices son prueba de que aunque el enemigo intentó destruirte con todas sus fuerzas o destruir a tu familia, las armas formadas contra ti no prosperaron (ver Isaías 54:17).

Las cicatrices dicen: *Lo conseguí.*

Llegué al otro lado.

Estoy sanado.

Estoy completo.

Aprender a amar como si nunca te hubieran herido requiere querer sanar y dar pasos para que eso suceda. Hablaré de ese proceso a lo largo de este libro.

Aunque puede llevar tiempo, la sanidad puede llegar; lo que se ha roto se puede restaurar. Mencioné este pasaje en la introducción, pero merece la pena repetirlo. Memoriza las siguientes palabras: "*La luna*

> **Las cicatrices son un testimonio de la capacidad de Dios para sanar heridas mortales.**

será tan resplandeciente como el sol, y el sol brillará siete veces más, como la luz de siete días en uno solo. Así será cuando el Señor comience a sanar a su pueblo y a curar las heridas que le hizo" (Isaías 30:26).

Dios te promete que hay días más brillantes por delante de ti.

Decide seguir conduciendo.

La película *Black Hawk Derribado* está basada en la batalla de Mogadiscio, la guerra más larga y sostenida que implicó a tropas americanas desde la Guerra de Vietnam. En una incursión en octubre de 1993, operativos de las Fuerzas Especiales recibieron la tarea de rescatar a dos consejeros de alto rango de un caudillo despiadado. La misión fue un éxito. Tras capturar a los dos tenientes, las tropas estadounidenses comenzaron su regreso a la base. Entonces ocurrió lo impensable.

Uno de los seguidores del caudillo lanzó una granada autopropulsada (RPG) y derribó un helicóptero Black Hawk. Dos soldados murieron y cinco fueron heridos en la colisión, uno de los cuales moriría después. Entonces fue derribado un segundo Black Hawk. Tres tripulantes murieron y uno fue tomado como rehén.

La incursión se convirtió rápidamente en una misión de rescate para asegurar y recuperar a los tripulantes de ambos helicópteros. Durante horas, las balas inundaron las calles. Murieron cada vez más y más soldados estadounidenses.

En una escena de la película, justo después del derribo del segundo helicóptero, el teniente coronel de los Rangers (hoy coronel retirado) Danny R. McKnight, interpretado por el actor Tom Sizemore, recibe el encargo de intentar llevar un pequeño convoy de Humvees de vuelta a la base. Mientras los soldados conducen por las estrechas y sinuosas calles de la ciudad, son asaltados por fuego pesado. En un punto, el teniente coronel McKnight detiene el convoy para subir a los heridos y muertos que encuentra por el camino. Se acerca a un vehículo que acaba de ser alcanzado por un RPG. Él y otros soldados cercanos retiran con cuidado al conductor muerto. Entonces el teniente coronel se acerca a otro soldado que tiene sangre goteando por su rostro.

"Súbete a ese vehículo y conduce", grita McKnight al soldado obviamente herido.

"Pero tengo un disparo, coronel", protesta el joven soldado.

"¡Todos tenemos disparos! Vamos".

Amigo, no eres la única persona a la que le han mentido. No eres la única persona a la que han traicionado. No eres la única persona a la que han abandonado. No eres la única persona a la que han dejado atrás. Y no eres el único que está intentando no rendirse.

No digo esto para minimizar tu dolor. Lo digo para animarte a que continúes avanzando.

A veces las personas a las que más hemos amado son quienes más daño pueden hacernos. Pero aún así tienes que subirte a ese vehículo y conducir.

Amar como si nunca nos hubieran herido no es algo que podemos hacer en nuestras propias fuerzas. Necesitamos la gracia de Dios para ayudarnos a hacer esa llamada de teléfono o enviar ese mensaje de texto. Necesitamos la gracia de Dios para decirle al hijo obstinado con el que no hemos hablado desde hace meses: "Quiero comer contigo. Quiero pasar tiempo contigo. Quiero reconectar contigo". Necesitamos la gracia de Dios para superar una crisis en nuestro matrimonio y estar dispuestos a intentarlo de nuevo.

No te estoy prometiendo un camino fácil, pero te prometo que Dios puede darte las fuerzas para que ames a otros como deberías. Él te ayudará a dejar de pelear y a comenzar a hablar. Él te ayudará a dejar de gritar y comenzar a acercarte. Él reconciliará tus relaciones. Él volverá a unir a tu familia.

Dios comenzará, poco a poco, a liberarte del pasado si vas en pos de un nuevo día.

Se necesita mucho amor y perdón para mantener unida a una familia. El amor nunca falla. Sigue avanzando. Sigue amando. Sigue acercándote. Sigue hablando.

> **A veces las personas a las que más hemos amado son quienes más daño pueden hacernos. Pero aún así tienes que subirte a ese vehículo y conducir.**

Una vida fructífera no es un accidente; es el resultado de tomar buenas decisiones. Decide amar como si nunca te hubieran herido. Si decides perdonar, ¡el perdón puede reescribir tu futuro!

El amor nunca falla.

LA **GRAN** IDEA

Aquellos a los que más amas son quienes más daño pueden hacerte. Ámalos igualmente.

CAPÍTULO TRES

NUNCA ES UNA EQUIVOCACIÓN AMAR

Cuando el único hijo de mi amigo Mac, Malcolm, estaba en su último año en la escuela secundaria, le dijo a su padre que era *gay*. Mac se sintió como si un camión de dieciocho ruedas le hubiera agarrado por sorpresa. No tenía ni idea. No sabía qué pensar. No sabía qué decir. En ese entonces, la mente de Mac se aceleró. *¿Cómo he podido no darme cuenta? ¿Cómo he sido capaz de no interpretar bien las señales?*

Las lágrimas corrían por el rostro de Mac mientras compartía destellos de un mundo que Mac ni siquiera sabía que existía para su hijo. Malcolm le dijo a su padre que desde que estaba en quinto grado, había sufrido acoso escolar por su orientación sexual. Le golpeaban constantemente, le llamaban cosas terribles e incluso le escupían.

Mac no podía creer lo que estaba oyendo. Cada día, Malcolm había pasado por la puerta de su casa con una gran sonrisa, como si todo estuviera bien en su mundo. Siempre parecía feliz y despreocupado. La realidad del mundo de Malcolm durante los siete años previos, sin embargo, fue todo lo contrario.

El verano antes de la confesión de Malcolm, padre e hijo asistieron a Forward, una conferencia anual de jóvenes de nuestra iglesia. Mi amigo recuerda que después de una reunión, Dios tocó a Malcolm de una forma poderosa. Estuvo postrado en el piso durante un llamado al altar, roto y clamando a su Padre celestial. "¿Por qué me hiciste así?", rogaba con lágrimas. Mac se conmovió por el espíritu vulnerable de su hijo delante de Dios, pero no sabía exactamente qué significaban las palabras. Ahora tenían sentido.

Después de que su hijo le revelara que era *gay*, Mac al principio se sintió herido; lo admite. Después sintió enojo. Se culpaba a sí mismo. "Me sentía como si no me hubiera tomado el tiempo para ver las señales. Si lo hubiera hecho, aunque sé que no habría sido capaz de cambiarle, al menos podría haber estado ahí a su lado. Habría sido capaz de sostener su mano y apoyarle mientras experimentaba el que tuvo que ser el peor tiempo de su vida. Que tus compañeros de clase y amigos te rechacen tiene que ser insoportable, no solo a su edad, sino a cualquier edad".

Finalmente, Mac aprendió que lo mejor que podía hacer como padre era amar a su hijo.

El mayor temor de Mac era la posibilidad de que Malcolm se hiciera daño a sí mismo. El suicidio es la segunda causa de muerte entre los jóvenes de edades entre 10 y 24 años.[1] Para los *gays* y las lesbianas, el índice de intentos de suicidio es de más de un 20 por ciento más elevado.[2]

"No hay forma de que yo quisiera que mi hijo recurriera jamás al suicidio", me dijo Mac. "Sabía que no podía rechazarle o imponer sobre él mis creencias. Lo único que tenía que hacer era entregar mi hijo a Dios, orar por él y amarle. No le condeno por su estilo de vida. No me corresponde. Simplemente le amo".

Mac ha aprendido mucho sobre lo que significa amar a alguien que está viviendo una vida contraria a lo que le han enseñado, contraria a lo que Dios dice que es correcto. Esto es lo que me enseñó este hombre maravilloso.

Primero, ama a tu hijo porque él o ella es tuyo. No estamos llamados a juzgar a las personas, ni siquiera a nuestros hijos. Somos llamados a amarlos. Si no puedo decir algo que no dé como resultado una disputa, solo digo: "Te amo". Malcolm y yo estamos muy ocupados, y aunque no hablamos todos los días, me aseguro de que sepa que le amo. Hay veces en que no sé qué decirle cuando hablamos, así que solo le digo que le amo.

Segundo, encuentra un terreno común. Mi hijo y yo tenemos diferentes ideas políticas y sociales, pero nos esforzamos mucho por encontrar cosas que ambos tengamos en común o nos guste hacer.

Finalmente, haz ajustes. Esto es distinto para todos. Para mí, yo rehúso seguir a Malcolm en muchas de sus plataformas de redes sociales. Cuanto más veo lo que está haciendo, más tiendo a preocuparme. A la vez, cuando le visito en la ciudad de Nueva York, donde vive, colaboro con lo que haya planeado. Tan solo me muestro agradecido por ser parte de su mundo.

Recientemente, Mac y su hijo hicieron un peregrinaje a Israel de diez días patrocinado por nuestra iglesia. Una de las cosas bellas que ofrecemos es la oportunidad de bautizarse en el río Jordán, el mismo lugar donde Jesús fue bautizado. Nunca olvidaré ver a Mac y a su hijo entrando en esas aguas frías. Mientras se cantaban los himnos, ellos se tomaron por los brazos, listos para bautizarse como equipo. Fue una señal de un padre diciendo: "Amo a mi hijo". Se tomó la decisión de que nada va a separar el amor entre padre e hijo, ni siquiera la religión.

Mac no tiene una relación perfecta con su hijo, pero cree, según sus propias palabras, que "el amor hará que funcione de algún modo". Mi amigo y su esposa oran todos los días por su hijo. Le aman sin condición. No se avergüenzan de él. Y le han puesto en manos de Dios.

Nunca es una equivocación amar.

Ama, no juzgues

¿Qué hacemos cuando alguien no vive como debería vivir?

Permíteme ser claro: pecado es pecado. Eso es verdad, y no se puede negociar.

Pero esta es otra verdad: Dios nunca nos mandó a rechazar a las personas porque no estén viviendo según cierta norma de espiritualidad. Tristemente, esto es lo que ocurre muchas veces.

> **Dios nunca nos mandó a rechazar a las personas porque no estén viviendo según cierta norma de espiritualidad.**

Si las personas a las que amamos están haciendo algo que está mal, a menudo nuestro juicio se dispara. La desaprobación rápidamente pisotea al amor. Rehusamos tener nada que ver con esas personas. Les anunciamos a ellos y al mundo que la relación se ha terminado, y lo hacemos en el nombre de la fe, golpeando nuestras Biblias con una intolerancia santurrona.

¿Recuerdas lo que escribió Pablo sobre el amor en 1 Corintios?

> *Si pudiera hablar todos los idiomas del mundo y de los ángeles pero no amara a los demás, yo solo sería un metal ruidoso o un címbalo que resuena. Si tuviera el don de profecía y entendiera todos los planes secretos de Dios y contara con todo el conocimiento, y si tuviera una fe que me hiciera capaz de mover montañas, pero no amara a otros, yo no sería nada.*

1 Corintios 13:1-2

Podríamos tener todos los dones espirituales del mundo, pero sin amor, no tendrían sentido alguno. Podríamos citar versículos bíblicos sobre la condenación hasta que nuestras gargantas se quedaran roncas, pero sin amor, no valdría de nada. Podríamos decirle a uno de nuestros seres queridos que lo que está haciendo está mal, pero sin amor, nuestras palabras no tienen sentido.

Quizá ahora estés moviendo la cabeza con desaprobación. Quizá estés pensando: *Pero tenemos que separarnos de los que están pecando voluntaria-mente.* Más adelante en este capítulo hablaré de lo que significa amor en el contexto de poner reglas y límites saludables. Por ahora, no obstante, quiero enfocarme en lo que significa amor cuando alguien no está viviendo como debería vivir.

Esto es lo que he aprendido. El amor no dice:

"Hiciste tu cama, ahora túmbate en ella".

"No te eduqué para hacer eso, así que ya no quiero nada contigo".

"¿Qué has hecho? ¡Eres un desastre!"

El amor dice:

"Nunca estaré de acuerdo con tu estilo de vida, pero aun así te amo".

"Nunca te ayudaré ni seré cómplice de lo que estás haciendo, pero sigues siendo mío y siempre lo serás".

"Nunca podrás hacer nada que te haga dejar de ser mío, porque te amo".

El amor no busca lo suyo. Nunca pierde la fe. No pierde la esperanza. Soporta toda circunstancia.

Nunca es una equivocación amar.

Nunca está fuera de orden amar.

Tú no comprometes tu fe cuando amas.

Eso es lo que significa amar como si nunca te hubieran herido.

Amar no significa bajar tus estándares

Todos tenemos que lidiar con las luchas siempre presentes entre no querer apoyar la conducta o las acciones de otro y amar a esa persona a pesar de todo. Por lo tanto, ¿cómo lo hacemos?

Imagínate a un padre que acaba de enterarse de que su hija de diecisiete años está embarazada. El padre es el novio adolescente, un novio que a la madre no le gusta porque no tiene empleo, o quizá porque es de una raza distinta.

Cuando la hija le da a su mamá la noticia, la madre se queda herida, decepcionada, apenada. Quizá incluso tremendamente avergonzada. Y no lo entiende. A fin de cuentas, ella crió a su hijita con valores, normas y creencias cristianas. La familia iba junta a la iglesia cada domingo.

La chica sabía que no debía haberlo hecho, pero aquí está. Es una adolescente a punto de tener un bebé.

A esta hija le falta la sabiduría y experiencia para saber cómo criar bien a un hijo. Quizá ni siquiera sepa cómo cambiar un pañal o hacer que un niño eructe. Su novio probablemente tampoco lo sepa. La mamá le organiza a su hija un *baby shower* (fiesta de celebración del bebé), pero en lugar de celebrarlo, solo puede pensar en que su hijita le ha roto el corazón con su insensata decisión, la cual cosechó una consecuencia irrevocable que no se puede esconder bajo la alfombra.

Ahora imagina la escena en el hospital cuando nace el bebé. ¿Está la mamá en el paritorio, dándole la mano a su hija? ¿O está en casa, enojada, ofendida por el pecado de su hija u ofendida por el novio al que no termina de aceptar?

¿Qué habría de malo en decir: "No estoy de acuerdo con lo que hiciste, pero aquí me tienes para ayudarte"? ¿En decir: "Te amo, y quiero ayudarte"? ¿Haría esto que la mamá fuera menos cristiana que si deja de hablar a su hija para siempre?

Nunca es una equivocación amar.

A menudo se cita a Billy Graham por su frase: "Convencer a las personas es tarea del Espíritu Santo, juzgar es el trabajo de Dios y el mío es amar". ¿Cuántos intercambiamos papeles siempre que nos conviene o cuando nos sentimos súper santos?

Mira, hay un momento y un lugar para decir la verdad en amor. A veces debemos tratar asuntos que no están bien. Tenemos que amonestar a nuestros hijos y a quienes nos son más cercanos cuando están haciendo algo que no está en línea con las Escrituras. Pero debemos hacerlo de una forma que sea sincera y que esté cimentada en el amor.

Si un amigo ha dejado de ir a la iglesia y ha dejado de asistir a su grupo de hogar, y ves evidencia de que está teniendo una aventura amorosa, no espero que te quedes callado y que no hagas nada, ignorando lo que es obvio. El libro de Proverbios nos ofrece un gran consejo: "*¡Una reprensión franca, es mejor que amar en secreto!*" (Proverbios 27:5).

Y aún así, a menudo he visto que esta "reprensión franca" conduce a juicio e, inevitablemente, a la vergüenza. En vez de acercarnos al amigo, nos salimos de la escena. En vez de llamar y decir: "Oye, amigo, no estoy de acuerdo con lo que estás haciendo, pero te amo. Y estoy orando por ti", tendemos a romper lazos y dejar de relacionarnos con esa persona.

Hay algo que no es correcto en eso.

Ninguno de nosotros hace lo que debería hacer todo el tiempo. Todos nos quedamos cortos. Todos hemos pecado. A menudo no le damos al blanco.

Hay un hijo pródigo en cada uno de nosotros. Piensa en esto: ¿cómo sería tu vida si Dios no respondiera a tus debilidades, tus pecados, tus adicciones o tus fracasos con gracia y con amor? ¿Qué pasaría si Él se diera por vencido con nosotros? ¿Qué tal si Él cerrara la puerta de la relación? ¿Y si Él dijera: "Ya he tenido suficiente. ¡Se acabó!"?

¡Hablaríamos de un mundo sin esperanza!

Quizá no hayas criado a tu hijo para que mienta, engañe, robe, sea egoísta, egocéntrico, beba, consuma drogas o tenga relaciones sexuales antes del matrimonio, pero si lo está haciendo, ¿qué sucede? ¿Exige eso que le retires tu amor?

Respuesta breve: no.

> **¿Cómo sería tu vida si Dios no respondiera a tus debilidades, tus pecados, tus adicciones o tus fracasos con gracia y con amor?**

Pero esto no significa que todo lo que ocurra bajo tu techo sea aceptable o incluso permisible.

Moisés le puso límites al pueblo de Israel. Dios puso límites y dijo que no los cruzaran, o les costaría sus vidas (ver Éxodo 19:10-13). Como padre o madre, tienes que poner límites que sabes que son seguros para tu familia. Tienes que establecer límites para ti mismo.

Me gustaría ofrecerte cinco verdades sobre lo que significa amar como si nunca te hubieran herido en el contexto de establecer límites en tu familia.

Verdad 1: Los estándares son importantes

Se ha dicho que la primera generación *genera*. La segunda generación *motiva*. La tercera generación *especula*. Y la cuarta generación se *disipa*.

Es posible perder algo de generación a generación en la transferencia de la fe.

Incluso si tus padres o abuelos eran devotos cristianos, puede que veas que tus hijos hoy están recibiendo una religión diluida, una fe que carece de sustancia, distinta de la fe de generaciones pasadas.

Se habla mucho sobre los valores de la familia en el mundo actual, pero ¿qué significa eso realmente? ¿Cuál es su relación con el amor? ¿Cómo beneficia a la familia?

El diccionario define *valores* como "los principios o normas de conducta de una persona; el juicio propio de lo que es importante en la vida". Los valores tienen que ver con nuestras actitudes y nuestras creencias: lo que es importante para nosotros. Reflejan nuestro carácter y nuestra identidad. Establecer y mantener valores claros nos ayuda a tomar buenas decisiones y a establecer nuestras prioridades en las cosas correctas.

Me gusta definir tres tipos de valores que pueden ayudar a gobernar no solo tu vida, sino también las vidas de tus hijos: valores personales, valores tradicionales y valores fundamentales.

1. *Los valores personales giran en torno a tu relación personal con Dios.*

Los valores personales son compromisos y elecciones que haces que no son necesariamente mandados por Dios, pero que aportan grandes beneficios espiritualmente. Los valores personales no son necesariamente algo en blanco y negro.

Por ejemplo, no puedo decirles a las personas que si beben un vaso de vino van a ir al infierno, pero mi familia y yo hemos sido bendecidos porque nuestros padres, abuelos y bisabuelos levantaron una barrera y dijeron: "Estos hogares van a estar libres de alcohol". Ahora, generaciones después, gran parte de mi familia y yo estamos en el ministerio. Ninguno ha tenido que ir nunca a rehabilitación. Esta barrera funcionó. Antes de quitar una valla, es mejor que preguntes por qué está ahí. Las vallas de contención están en las curvas de las carreteras con un motivo.

También ayuno la mayoría de los sábados. Algunos días ayuno medio día, otras veces todo el día. No hay que ayunar para ser salvo, ni te hace ser un cristiano superestrella. Es una disciplina. Yo siento fuertemente que Dios me ha dirigido a hacer esto de forma regular. Puedo sugerir esta disciplina a otros, y lo hago, pero no puedo imponer esta convicción y obligar a otro a ponerla en práctica.

Jesús dijo: "*Si alguno de ustedes quiere ser mi seguidor, tiene que abandonar su manera egoísta de vivir, tomar su cruz y seguirme*" (Mateo 16:24). Las palabras *discípulo* y *disciplina* tienen el mismo origen. Van de la mano.

Ser un discípulo de Cristo significa ser disciplinado. Si no hay nada en ti que se sacrifique por Dios, algo está mal. Cuando tienes una relación con Jesucristo, se convierte en algo *personal* entre tú y Dios, y estableces valores y disciplinas personales en orden para profundizar tu relación con Él.

Esto incluye disciplinas como ir a la iglesia regularmente, servir a otros dentro y fuera de la iglesia, orar y leer la Biblia cada día, y decidir mantener tu cuerpo físico como un templo de Dios, no fumando, abusando de algunas sustancias o teniendo una dieta no saludable.

2. Los valores tradicionales son valores personales que se han transmitido de una generación a la siguiente.

Los valores tradicionales proveen un marco para tu familia respecto a hacer lo correcto. *"La tierra que me has dado es agradable; ¡qué maravillosa herencia!"* (Salmos 16:6).

Mis padres se abstuvieron del alcohol y me transmitieron este valor personal, el cual yo transmití a mi propia familia. Aunque han pasado años, este valor tradicional ha permanecido inalterable. Ahora bien, algunas personas pueden volverse legalistas con estos principios. Cuando era niño, nunca me dejaron ir al cine. Ni siquiera podía ir a la bolera o a la feria del condado. Muchos valores tradicionales sencillamente no tienen sentido, así que no te vuelvas loco con esto.

Ora y lee la Biblia para establecer un cimiento para lo que está bien para ti, y usa el sentido común. Lo más importante es que establezcas valores tradicionales en tu hogar. Ordena tus prioridades. Amas a tus hijos al darles un fundamento en las cosas correctas.

Tanto los valores personales como los tradicionales son salvaguardas que protegen tus valores fundamentales.

3. Los valores fundamentales son normas bíblicas en las que no se transige.

Los valores fundamentales nunca cambian, ni siquiera aunque la sociedad y la cultura cambien. Jesús dijo: *"El cielo y la tierra desaparecerán, pero mis palabras no desaparecerán jamás"* (Mateo 24:35).

Los valores fundamentales son más que convicciones personales; son una roca sólida. Toma los diez mandamientos: No tendrás ídolos. No mentirás. No matarás. No serás infiel a tu cónyuge (ver Éxodo 20).

Debes tener barreras levantadas para mantener intacto lo fundamental de tu familia. Esto incluye barreras alrededor de tu matrimonio, alrededor de tu caminar con Dios, alrededor de tu unción, etc. Si no las vigilamos, seguiremos saltándonos las barreras. Cuando empiezas a saltarte las barreras, se vuelve más fácil, y cuando te quieres dar cuenta, ya no crees en nada.

Amar a nuestros hijos significa poner normas. Esto no significa que siempre vayan a seguirlas, pero sí significa que tú pones el ejemplo de lo que es aceptable y de lo que no.

Una cosa más: practica lo que predicas. Da cuentas personalmente de los valores que has establecido en tu hogar. Modela tus expectativas. Si mentir no es aceptable para tus hijos, no eches una mentirilla piadosa con respecto a sus edades en el cine para conseguir una entrada más barata, o en la cena para ahorrarte un dinerito. La coherencia es clave. No se trata de ser perfecto. No hay padres perfectos porque nadie es perfecto.

La atmósfera, como la temperatura, puede tener un efecto real en el hogar. Según las Escrituras, como padre o madre puedes ayudar a crear la atmósfera en tu hogar en base a los valores que has escogido como tu fundamento.

> **¿Cuándo fue la última vez que añadiste algo a tu lista de valores personales en vez de retirar algo?**

¿Sobre qué tipo de valores estás edificando tu casa?

Permíteme hacerte otra pregunta desafiante: ¿Cuándo fue la última vez que añadiste algo a tu lista de valores personales, en vez de retirar algo?

Verdad 2: Tienes que trazar líneas

Amar a nuestros hijos, incluso cuando nos rompen el corazón, no significa que les permitimos hacer todo lo que quieran para que sean felices. Nuestra meta no es ser el "mejor" padre del barrio o ser su mejor amigo. Nuestra meta es protegerlos.

Cada año, cuando se acercaban las vacaciones de primavera, nuestros hijos nos pedían permiso para ir con sus amigos. Mi esposa y yo conocíamos a algunos padres que les daban a sus hijos un puñado de dinero, les decían la cantidad que se podían gastar en alcohol, e incluso les daban los condones. Su razonamiento era: "Los jóvenes siempre serán jóvenes. Nos guste o no, van a beber y a acostarse igualmente, así que será mejor que pongamos parámetros en torno a la bebida y los equipemos para que tengan relaciones sexuales seguras".

Yo no entiendo esa lógica.

Amar significa establecer reglas, reforzarlas y rehusar aceptar conductas malas o pecaminosas. Cherise y yo hemos sido bastante estrictos con nuestros hijos. Hemos puesto reglas y hemos disciplinado a nuestros hijos cuando las han roto. No a todos les gustaban o estaban de acuerdo con las líneas que trazamos. Durante los años, vimos muchas cejas levantadas, palabras y quejas cuando les decíamos a nuestros hijos que hacer esto o aquello no lo toleraríamos en nuestro hogar. Pero las reglas son reglas.

También, las reglas que Cherise y yo establecimos eran para todos nuestros hijos; no poníamos una norma para uno de ellos y otra para los demás. Tenemos una responsabilidad ante nuestra familia como un todo.

Leemos en 1 Corintios 16:13: *"Estén alerta. Permanezcan firmes en la fe. Sean valientes. Sean fuertes"*. Como padres, debemos estar alerta y prestar atención.

En la antigüedad, muchas ciudades tenían un vigilante sobre una colina. Alguien de la comunidad estaba situado dentro todo el tiempo para observar los alrededores y avisar de cualquier peligro inminente. Esta persona estaba pendiente de cualquier animal que quisiera colarse para destruir sus cosechas y cualquier enemigo que viniera a atacar. Si veía algo sospechoso, el vigilante hacía sonar una alarma a la comunidad. Era fácil dormir bien por la noche sabiendo que alguien estaba siempre velando por ti y por tu familia.

Quizá estés sufriendo una situación difícil en casa. Quizá tengas la sospecha de que tu hijo está haciendo algo que sabe que no debería. Tal vez tengas un presentimiento de que tu hija participa en una conducta dañina. Quizá tu hijo ya te ha dejado, o tu hija se fue con algún tipo de mala fama. Puede que te sientas tan abrumado y frustrado que quieres poner fin a todo. Es tentador rendirse ante la presión y hacerte de la vista gorda, retirar el amor o incluso cortar lazos bajo situaciones extremas. Es más difícil estar presente; tomar parte en sus asuntos.

> **Como padres, debemos estar alerta y prestar atención.**

Quiero animarte a que no te rindas. Mantente alerta. Súbete a esa torre. Presta atención a tu familia. Presta atención a lo que está pasando en las redes sociales. Involúcrate en las vidas de tus hijos. Revisa sus cuentas de Facebook, Instagram y Snapchat. Bloquea ciertas páginas web en tu computadora. Averigua quiénes son sus amigos. Confirma sus paraderos.

Elí era un sumo sacerdote y un juez en la antigua Israel, y sin embargo la Biblia dice que sus hijos eran malvados. Algunas traducciones llaman a los hijos de Elí "ultrajadores". Elí y toda su casa fueron juzgados porque él no les corrigió (ver 1 Samuel 3:13).

¿Te imaginas a Dios llamando ultrajadores a tus hijos? Pero este versículo nos dice por qué. Elí no les "corrigió", lo cual significa que no hizo ningún esfuerzo para resistir la maldad de sus hijos. ¡Caramba!

¿Quieres corregirles? Haz un hueco en tu hogar para tus valores personales, tus valores tradicionales y tus valores fundamentales. No tienes que encerrar a tus hijos en sus cuartos durante el resto de sus vidas y prohibirles ver la televisión, ir al cine, salir con amigos o escuchar música. Establece pautas generales.

Amigo, no te rindas. Hay una forma de edificar a tu familia y luchar por ella. (Hablaré más de esto en los capítulos 10 y 11). Espero que esto te anime: cuando surja el conflicto en tu hogar, cuando tu hijo esté haciendo algo que él o ella no debería hacer, acuérdate de estos consejos para que te ayuden a recorrer todo el proceso.

1. *Ataca el problema, no a la persona.* Todos ustedes están en el mismo equipo, así que no viertas tus frustraciones sobre tus seres queridos.

2. *Obtén todos los datos antes de ofrecer consejos o soluciones.* Piensa antes de hablar. Nada es más dañino que sacar conclusiones apresuradamente.

3. *Busca las cosas positivas.* Por muy feas que se pongan las cosas, en todas las situaciones siempre puedes encontrar algo positivo. Búscalo.

4. *Nunca retengas tu amor, por muy difícil que se ponga la situación.* Está bien decirles a tus seres queridos cómo te sientes, pero asegúrate de que sepan que les amas incondicionalmente. Cuando las personas se sienten amadas y apoyadas, pueden soportar prácticamente cualquier crisis.

5. *Revisa tus palabras.* Tus palabras son como nitroglicerina. Pueden destrozar puentes o sanar corazones. Te sorprenderás de los resultados cuando refrenes tus palabras dañinas. Di palabras que edifiquen a otros. Si no sabes qué decir, no digas nada.

Aunque tuvimos muchos momentos difíciles cuando nuestros hijos eran adolescentes, pocos años después, algunos tardaron más que otros, cada uno de ellos nos dio las gracias por no dejarles ir a esa fiesta, o a esa cita con alguien, o asistir a algunos viajes de las vacaciones de primavera con sus amigos. Por supuesto, en ciertos momentos cuando Cherise y yo estábamos aplicando esas reglas, nos parecía que estábamos en medio de un campo de batalla. Pero al final, mereció la pena.

Verdad 3: Ama sin parar

A veces, las personas pueden hacer cosas estúpidas. Esto incluye a nuestros propios adolescentes y otras personas a las que amamos. Pero gritar a las personas con palabras de duro juicio no ganará su corazón. La Biblia enseña: *"El enojo humano no produce la rectitud que Dios desea"* (Santiago 1:20).

No hables al necio que hay en otros; háblale al rey que hay en ellos.

Cuando tus hijos no hacen lo que quieres que hagan, resiste la urgencia de apretar el botón de atacar. Esto por lo general conlleva muchos gritos. A veces, en un arrebato de ira u otra emoción volcánica que pensamos que no podemos controlar, llamamos cosas a nuestros hijos, les criticamos, les menospreciamos con acusaciones como: "No vales para nada", y "Deberías avergonzarte de ti mismo".

Si le hablas al necio que hay en tu hijo, el necio se levantará. Si hablas al rey que hay en tu hijo, el rey se levantará. El profeta Miqueas llama a este rey en Miqueas 4:9: *"Ahora pues, ¿por qué gritas de terror? ¿Acaso no tienes rey que te dirija? ¿Han muerto todos tus sabios? El dolor te ha apresado como a una mujer durante el parto"*. La versión Reina Valera escribe esta parte del versículo así: *"¿No hay rey en ti?"*.

Yo creo que dentro de cada uno de nosotros hay un rey. Asemejo esto a nuestro potencial de ser el pueblo que Dios quiso que fuéramos a través de Cristo Jesús. Quizá tenemos dificultades, pero hay un rey dentro de nosotros. Quizá fallemos, pero hay un rey en nuestro interior. Quizá no seamos aún quienes podríamos ser, pero hay un rey dentro de nosotros. A menudo, no es fácil ver a este rey o reina en nuestro propio hogar.

> **Si le hablas al necio que hay en tu hijo, el necio se levantará. Si hablas al rey que hay en tu hijo, el rey se levantará.**

Por lo tanto, ¿qué va a producir justicia? La Biblia ofrece una solución: "Amen sin parar" (1 Corintios 16:14, traducción libre de *The Message*).

Quizá tus hijos te rompan el corazón. Ama sin parar.

Quizá digan que te odian y que nunca más te volverán a hablar. Ama sin parar.

Puede que las personas que amamos tomen muy malas decisiones. Ama sin parar.

Quizá no te guste ni estés de acuerdo con lo que están haciendo. Ama sin parar.

Verdad 4: A veces necesitas amar desde cierta distancia

Quizá te estés preguntando cómo amar a alguien que es tóxico. Quizá la persona tiene una adicción a las drogas o al alcohol, tal vez abusa verbal o físicamente, o tiene tendencias violentas.

Puedes amarle en tu corazón, deseando y pidiendo por el bien de la persona: desde la distancia. Ser cristiano no significa ser un saco de boxeo, un felpudo o un muñeco de pruebas de conducción. Sí, Dios nos llama a hacer sacrificios, a poner la otra mejilla y a perdonar todas las ofensas, pero no nos llama a tener una relación profunda y significativa con quienes nos han herido profundamente. En estos casos, puede que sea necesario crear un espacio intencional.

El padre biológico de mi esposa se ausentó por decisión propia hasta que ella tuvo trece años. Era adicto diagnosticado con trastorno bipolar; no era la figura de padre ideal que todo niño desea. De adulta, Cherise se acercó a él varias veces. Él entraba y salía en un círculo que continuó durante años. Este hombre fue salvo cuando mi esposa y yo nos casamos, pero aún como cristiano nacido de nuevo, parecía que no era capaz de bajarse de la interminable montaña rusa de adicción y problemas de salud mental. Durante aquella época, Cherise siguió intentando conectar con él. Le invitaba a nuestra casa, incluso le ayudaba con todo lo que necesitase. Aunque presentó a nuestras dos hijas mayores a su abuelo, no quería que les hiciera lo que le había hecho a ella siendo niña.

Siempre que él aparecía, yo podía sentir que se avecinaba una discusión entre Cherise y yo. Como yo era la única figura masculina en la casa, yo recibía el embate de su frustración por las incoherencias y conducta tóxica de su padre. Finalmente, el ciclo de quedarse e irse pasó la factura.

Cherise le había perdonado mucho tiempo atrás, pero después de un tiempo, se dio cuenta de que por su propia salud y la de nuestra familia era necesario que ella le amara desde la distancia. No porque ella fuera mejor que él, no porque él actuara como un holgazán, no porque él estuviera demasiado lejos de Jesús como para que Él pudiera cambiarle. Como la relación era tóxica para nuestra dinámica familiar, Cherise tuvo que poner unos límites muy fuertes. Eso significó determinar lo que era aceptable y lo que no, cuándo podía venir, cuánto tiempo podía quedarse y otros detalles.

Hay ciertas personas a las que no puedes seguir dando acceso a tu vida. No puedes renegar de ellas si son familiares, por supuesto, pero puedes amarles desde la distancia. Mientras menos te relaciones con algunas personas, más mejorará tu vida.

Sé amable y firme a la hora de crear ese espacio. No tienes que ser un necio al respecto. Piensa en formas de conectar sin ver a esa persona todos los días. Quizá signifique comprometerte a tener una conversación telefónica o mandar un mensaje para estar al tanto. Quizá puedes escribir cartas. Quizá puedes ponerte de acuerdo en ver a la persona para cenar en otro lugar que no sea tu casa, y tú pones tus reglas, por ejemplo, pedirle que se vaya si aparece bebido. Puedes crear un espacio para estos seres queridos en tu corazón, pero es igualmente importante poner barreras físicas.

Verdad 5: Podemos aprender a ver con los ojos de Jesús

Cuando decidimos amar incluso cuando nos han herido, incluso cuando otros hayan cometido errores, incluso cuando sintamos que alguien no lo merece, comenzamos a amar como Dios ama. Sin condición. Sin expectativas. Sin interés alguno.

Decide ver a las personas con los ojos de Jesús. Ama a otros como Dios te ama. Entonces encontrarás un amor tan ancho, tan alto, tan profundo, tan largo, que nunca serás el mismo.

LA **GRAN** IDEA

Ama a las personas que han cometido grandes errores.

CAPÍTULO CUATRO

DEJA DE LLEVAR LA CUENTA Y EMPIEZA A PERDER LA CUENTA

Mi esposa y yo nunca planeamos hacernos tatuajes.

Algunos tatuajes se ven bien en otras personas, pero nunca hemos sido amigos de los tatuajes. De vez en cuando, nuestras hijas los mencionaban cuando eran jovencitas, y nuestra regla era: "Cuanto tengan dieciocho, pueden ponerse lo que quieran en su cuerpo". Nunca imaginamos que ninguno de nuestros hijos llegara nunca a hacerse uno.

Pocas semanas antes de terminar de escribir este libro, dos de ellas tenían un anuncio que hacer cuando llamaron a mi esposa para hacer un video chat. Te puedes imaginar su sorpresa cuando ellas levantaron los lados de sus antebrazos y mostraron sus tatuajes recién hechos (y afortunadamente pequeños) que decían "70 x 7".

Cherise se quedó boquiabierta. "Espero que sean de mentira", dijo ella, intentando mantener su compostura.

Las chicas se rieron y dijeron: "¡Es culpa de papi! Él siempre nos ha enseñado a amar como si nunca nos hubieran herido".

Bueno, no puedo decir que yo les *hice* hacerse los tatuajes, pero unos días antes de este gran acontecimiento yo *estuve* indagando en algunos principios del perdón con ellas.

La historia de fondo: alguien había ofendido a nuestras dos hijas. Ellas habían perdonado a la persona y pasaron página. Un poco después, esa misma persona volvió a ofenderles. Fue un poco más difícil para ellas esta vez perdonar a la misma persona por lo mismo una segunda vez. Yo compartí con ellas lo que voy a compartir contigo en este capítulo: Jesús nos mandó a perdonar, siempre.

Cuando las chicas detallaron su aventura del tatuaje conmigo, una de ellas, no recuerdo cuál, dijo: "Me acordé de las matemáticas de Dios del perdón y de que Jesús nos dijo que perdonásemos setenta veces siete. Me di cuenta de que necesitaba un recordatorio diario para seguir perdonando. ¡Así que nos hicimos los tatuajes para que nos ayudaran con eso!".

Nuestras chicas pusieron sus aventuras con el tatuaje en Instagram y recibieron miles de comentarios, algunos de amigas que admitían que necesitaban el mismo recordatorio diario, lo cual garantizaba un viaje a ver a un tatuador. Y bien, nunca pensé que algún día fuera a decir esto, ¡pero Cherise y yo estamos pensando en hacernos el mismo tatuaje pronto!

Problemas matemáticos

Una de las lecciones más poderosas que Jesús enseñó jamás fue sobre el perdón.

Lo hizo porque Pedro se acercó a Jesús para preguntarle: *"Señor, ¿cuántas veces tengo que perdonar a alguien que peca contra mí? ¿Siete veces?".*

"No siete veces", respondió Jesús, *"sino setenta veces siete"* (Mateo 18:21-22).

Tengo una taimada sospecha de que Pedro tenía alguien en mente a quien ya había perdonado seis veces. Quizá estaba listo para borrar a esa persona de su vida. Fuera así o no, estaba buscando una fórmula.

He batallado con las matemáticas desde que era un niño. Nunca se me han dado bien. Incluso hoy, si estoy pagando la comida en el restaurante y tengo que calcular cuánto es la propina, será mejor que la persona que esté conmigo en ese momento se pida un postre y un café, porque tendremos que estar ahí todavía un buen rato.

Quizá tú también sientas mi dolor. No sé para qué eres bueno, pero sé que, por muy malos que seamos para las matemáticas, la mayoría somos buenos para guardar un registro de las personas que nos han herido.

Algunos incluso tenemos memoria fotográfica cuando se trata de tenérsela guardada a alguien. Sabemos exactamente el año, el mes y el momento preciso del día de cada una de las ofensas que hemos sufrido. Creamos hojas de cálculo mentales para cada persona que nos ha herido y comenzamos a contabilizar las marcas para cada ofensa.

"Mi cónyuge criticó mi aspecto". *Marcado*. "Después a él (ella) se le olvidó mi cumpleaños". *Marcado*. "Después él (ella) no quiso acostarse conmigo, echándole la culpa al dolor de cabeza que sé que él (ella) no tenía". *Marcado*. "Mi compañero de trabajo se llevó el mérito de mi proyecto". *Marcado*. "Después se llevó el mérito de mi trabajo". *Marcado*. "Después hizo un comentario sarcástico sobre mi desempeño laboral". *Marcado*. Y podríamos seguir y seguir.

A muchos nos cuesta perdonar. En vez de soltar las ofensas, nos aferramos a ellas con fuerza. Las convertimos en absolutos matemáticos. Algunos nos quedamos con conceptos erróneos sobre el perdón que nos impiden perdonar. Espero aclarar algunos de ellos para ti al final de este capítulo, y si lo necesitas, poder ayudarte guiándote al perdón.

No importa cuántas veces nos hayan herido, la Biblia dice claramente una cosa: debemos perdonar.

¿Quieres aprender a amar como si nunca te hubieran herido? Comienza a perdonar.

Cuando Pedro dijo "siete veces", él pensaba que estaba siendo generoso. Quizá pienses que el número es bajo. ¿Cuántas veces tiene un amigo que apuñalarte por la espalda para que termines tu relación con él? ¿Cuántas veces tiene que criticarte un padre para que nunca más le vuelvas a hablar? (Observa, no obstante, que no todos a los que perdonas y amas necesitan ser parte de tu vida. Hablaré de eso al final del capítulo).

Jesús tenía la respuesta perfecta.

Llevar la cuenta versus perder la cuenta

Jesús dice: *"No siete veces… Setenta veces siete".*

Ya sabes que no se me dan bien las matemáticas, pero *puedo* resolver esta ecuación. La respuesta es 490. Según lo entiendo yo, esto significa que debemos perdonar a la misma persona 490 veces al día. Eso es mucho perdonar. A un ritmo de un acto de perdón cada tres minutos más o menos, ¡podrías pasar todo un día tan solo perdonando a alguien!

Pero esto no se trata de números. Jesús nos estaba dando una nueva fórmula matemática, un nuevo conjunto de verdades para que caminásemos en perdón. La primera verdad es esta: el perdón no tiene que ver con llevar la cuenta. Se trata de perder la cuenta.

> **El perdón no tiene que ver con llevar la cuenta. Se trata de perder la cuenta.**

A todos nos van a herir de algún modo. Tu cónyuge te defraudará. Alguien quizá cuente un chisme sobre tu matrimonio. Alguien quizá te robe el dinero. Alguien quizá te robe a tu esposo. Alguien quizá ha abusado de ti. Quizá alguien ha hecho daño a tu hijo.

Aunque resultar herido es una realidad, amargarse y quedarse amargado es una reacción. Debemos vivir un estilo de vida de perdón constante.

No se trata de satisfacer los requisitos de una ecuación matemática. Debemos perdonar. *Todo* el tiempo.

No perdonar es imperdonable

C. S. Lewis escribió: "Todos dicen que el perdón es una idea maravillosa hasta que tienen algo que perdonar".[1] El perdón es como el dinero. Queremos recibirlo, pero no darlo.

Un pecado imperdonable, que se halla en Mateo 12:31-32, es la blasfemia contra el Espíritu Santo. Durante años creía que este era el único pecado que no se podía perdonar, pero me equivocaba.

Jesús también dijo: *"Porque si perdonáis a los hombres sus ofensas, os perdonará también a vosotros vuestro Padre celestial; mas si no perdonáis a los hombres sus ofensas, tampoco vuestro Padre os perdonará vuestras ofensas"* (Mateo 6:14-15 RVR 60).

La segunda verdad sobre el perdón es que es imperdonable no perdonar. Si te niegas a perdonar a otros, Dios no te perdonará a ti.

¿Necesitas que Dios te perdone por algo? Si eres humano, por supuesto que sí. Bueno, entonces, perdona a quienes te han herido, traicionado, maldecido, abusado, ofendido, abandonado, robado, o te fueron infieles.

Todos llevamos deudas que no podemos pagar.

Cuando Jesús le ofreció a Pedro la ecuación matemática para el perdón, ilustró su punto con una parábola: *"Por lo cual el reino de los cielos es semejante a un rey que quiso hacer cuentas con sus siervos"* (Mateo 18:23 RVR 60). Puedes leer toda la historia en Mateo 18, pero este es mi resumen.

Este rey debió haber tenido una reunión con su contador, o quizá era un hombre muy inteligente y hacía él mismo la contabilidad. Al repasar los datos financieros, se da cuenta de que un siervo le debe diez mil talentos.

Según los eruditos, un talento en ese entonces era el equivalente a mil dólares hoy. Por lo tanto, este siervo tiene un agujero de diez millones de dólares. Me encanta lo que dice el versículo 25 acerca de este tipo: "No pudo pagar". Bueno, eso es obvio. Nadie que yo conozca tiene diez millones de dólares de sobra por ahí.

Pero el significado más profundo de esto es que es una referencia directa a la deuda de nuestro pecado. Jesús es nuestro rey. Él sabe que le debemos. Él sabe que no hemos pagado. Él sabe a cuánto asciende nuestra deuda.

Entonces, ¿qué hace el rey? ¿Envía a un equipo de tipos altos y fuertes armados para encontrar a este tipo, arrastrarlo hasta el palacio y hacerle pagar todo bajo amenaza de muerte? Bueno, eso es casi lo que ocurrió, quitando la parte de los tipos con aspecto impresionante. Cuando el siervo aparece delante del rey, se tira al piso y clama pidiendo misericordia.

"Lo siento mucho. Por favor, un poco de misericordia. ¡Tengo esposa e hijos! Deme algo de tiempo, y se lo devolveré. ¡Lo prometo!".

El rey se siente conmovido, tiene misericordia de él, y accede a perdonar la deuda y dejar que se vaya. Así como la máxima autoridad en este reino perdonó a un siervo, así Jesús, mediante la cruz, perdona nuestra deuda.

El Rey de reyes perdona todos los votos que hacemos y después rompemos. Él perdona todas las mentiras, engaños y robos que hacemos. Él perdona nuestras malas actitudes. Él perdona nuestros apetitos glotones. Él perdona nuestra idolatría. Él perdona las cosas que vemos en la computadora. Él perdona nuestras adicciones, nuestras conductas tóxicas, nuestras quejas, nuestros rencores, nuestros prejuicios, nuestras malas inclinaciones.

Jesús nos perdona. Punto.

Imagino al siervo saliendo del palacio como por las nubes. Yo así me sentiría. Su bandeja estaba limpia. Ya no estaba agobiado por una descomunal carga económica. Finalmente puede dormir bien en la noche.

De camino a casa, este siervo se encuentra con un hombre que le debe dinero: cien denarios, para ser exactos. En tiempos modernos, esta pequeña deuda sería equivalente a diez o quince mil dólares. Uno esperaría que el siervo mostrara la misericordia que él había recibido hacía menos de una hora.

Pero no lo hace.

El hombre que acababa de estar libre de deudas se acerca al otro siervo, le pone las manos en el cuello y empieza a ahogarle. "¡Págame lo que me debes!", grita.

Es como un *deja vu*. El otro siervo se escabulle del agarre de la muerte, cae al suelo como una muñeca de trapo y clama pidiendo perdón. "Lo siento mucho. Por favor, ten compasión. ¡Tengo esposa e hijos! Dame un poco de tiempo, y te lo devolveré todo. ¡Lo prometo!".

El primer siervo rehúsa darle al otro un periodo de gracia, y mucho menos perdonarle la deuda. En su lugar, hace que le metan en la cárcel. Otros siervos que andaban cerca vieron el brutal incidente y se quedaron horrorizados. Una traducción dice que les *"dolió"*. Estos testigos oculares se apresuraron a contarle al rey lo sucedido.

El rey se enfureció. Reunió a sus matones y ordenó que fueran en busca del siervo y que le llevaran de nuevo al palacio. Cuando los dos estaban cara a cara, el rey dijo:

> **Si no das perdón, no recibirás perdón.**

"*Siervo malvado, toda aquella deuda te perdoné, porque me rogaste. ¿No debías tú también tener misericordia de tu consiervo, como yo tuve misericordia de ti?*" (Mateo 18:32-33 RVR 60).

El rey está muy enojado, tanto que entrega a este hombre a los verdugos del palacio para que hagan lo que quieran hasta que pueda devolver hasta el último centavo de la deuda original de diez millones de dólares.

Jesús terminó esta poderosa parábola diciendo: "*Eso es lo que les hará mi Padre celestial a ustedes si se niegan a perdonar de corazón a sus hermanos*" (versículo 35).

Si ustedes no perdonan, no recibirán perdón.

De lo peor sale lo mejor

Un tercer principio de perdón es que lo mejor en nosotros solo puede salir de lo peor que nos hacen.

No nos gusta lo que nos ocurrió. Duele. Nos rompió el corazón. Pero la verdad es que a veces lo mejor en ti nunca saldrá a menos que te hayan hecho lo peor. Y por lo general, te lo harán personas a las que más has amado, confiado y ayudado. Dios no pretende que las experiencias dolorosas de tu vida te destruyan.

Los aviones despegan con viento de frente porque les ayuda a despegarse del suelo rápidamente. La resistencia les da altura. La oposición puede hacer lo mismo contigo. Alguien que te ha herido, traicionado o hablado mal de ti puede aportarte algo bueno. Puede llevarte más alto.

Justo antes de que Dios se llevara a Elías al cielo, envió un torbellino. No llegó para destruir al profeta, sino para elevarle. Los fuertes vientos de la adversidad te elevarán, no te destruirán. Usarán lo peor que te han hecho para sacar lo mejor de ti.

Sigue dando golpecitos

A veces pensamos que hemos perdonado a alguien, pero no es así.

Esta es una pista: si aún estás resentido cuando oyes el nombre de esa persona o no puedes dejar de pensar en lo que ocurrió, tienes que seguir trabajando.

Sé lo difícil que es perdonar. El dolor es real. Se asienta. Supura. Crece. ¿Cómo lo podemos soltar?

La empresa Heinz solía vender el kétchup en botellas de cristal. Hoy día, solo lo encontrarás en restaurantes; los botes de plástico compresibles se han adueñado de las estanterías de los supermercados. No son tan bonitos, pero los botes de plástico hacen que sea más fácil sacar el kétchup.

¿Te estás preguntando qué tiene que ver el kétchup con el perdón? Sigue conmigo un minuto.

Las botellas de cristal son un poco engañosas. Quizá recuerdas tener que darle la vuelta a la botella y golpear el fondo del cristal con la palma de tu mano. A menudo, apenas salía nada de kétchup. Quizá has intentando incluso golpear el fondo de la botella contra la mesa. O como yo, has intentado sacar el kétchup con un cuchillo. Estos trucos no funcionaban muy bien la mayoría de las veces. (¡No me extraña que inventaran los botes de plástico compresibles!).

Quiero contarte un secreto que, según la empresa Heinz, muy pocos consumidores saben:[2] el truco de sacar el kétchup de una botella de cristal es romper la burbuja de aire, un subproducto común de empacar la comida bajo presión. Tienes que dar golpecitos en el cristal donde está el 57, y seguir dando golpecitos. El kétchup comenzará a salir, aunque lentamente. Tienes que esperar; no va a salir de forma rápida. Puede que te lleve un minuto.

Así funciona el perdón. Tienes que golpear en el sitio exacto. A veces, los contenidos del perdón salen lentamente. Esto es especialmente cierto justo después de que alguien te ha herido, pero tienes que seguir dando golpecitos. Tienes que orar y seguir orando. Tienes que perdonar y seguir perdonando. Tienes que amar y seguir amando.

He destacado que esta generación quiere las cosas rápidamente. Quizá no es tan solo algo generacional. Quizá es la presión de nuestra cultura. Si no podemos conseguir nuestra comida o resolver nuestros problemas al instante, si no podemos conseguir el cuerpo perfecto o el matrimonio perfecto a final de mes, bueno, no estamos contentos.

Jesús dijo:

> *Sigue pidiendo y recibirás lo que pides; sigue buscando y encontrarás;
> sigue llamando, y la puerta se te abrirá. Pues todo el que pide, recibe;*

todo el que busca, encuentra; y a todo el que llama, se le abrirá la puerta.

Mateo 7:7-8

Si tienes problemas para perdonar a alguien, ánimo.

Tienes que seguir orando.

Sigue pidiendo.

Sigue buscando.

Sigue llamando.

El perdón llegará si no te rindes.

Y, poco a poco, golpecito a golpecito, Dios te ayudará a perdonar. Puede que lleve tiempo, pero no te detengas.

Cuando estamos de rodillas, estamos golpeando en el sitio exacto. Es difícil odiar a alguien por quien estás orando.

El perdón llegará si no te rindes.

La lucha es real

Como pastor, he presidido cientos de funerales. Uno de ellos siempre se ha destacado sobre los demás por una razón que estoy seguro que no te imaginarías.

Tras dar un breve mensaje y sentarme, el director del funeral invitó a la familia del fallecido a pasar al frente de la sala. Era su oportunidad de ver el cuerpo de su ser querido en el ataúd abierto y decirle adiós por última vez. Este es siempre un momento emotivo en el que se derraman muchas lágrimas.

Yo me senté en un lado de la sala, ocupándome de mis cosas, cuando observé que dos mujeres estaban provocando un revuelo junto al ataúd. Reconocí que eran las hijas de la anciana que había fallecido.

"¡Mamá me lo dio a mí!", gritó una de ellas a la otra, mientras señalaba a un anillo en el dedo de su madre fallecida.

"¡No!", gritó la otra. "Me lo dio a mí. ¡El anillo me pertenece a mí!".

Se gritaron la una a la otra durante unos momentos. Entonces una de ellas metió la mano en el ataúd y tomó el anillo por el que estaban discutiendo. Todo el que vio el espectáculo, yo incluido, nos quedamos sin habla. Pero la otra mujer no estaba dispuesta a dejar que su hermana tomara el anillo que, en su mente, claramente le pertenecía a ella. Intentó agarrar ella misma el anillo.

Mientras estas dos hermanas adultas jugaban al tira y afloja con el dedo de su difunta madre, yo me senté perplejo. Miraba al director del funeral buscando alguna indicación. No dijo ni una palabra. Solo se quedó sentado y boquiabierto.

Cuando pienso en ello, de alguna forma me resulta muy gracioso, y sirve como una buena historia. Pero la lucha era real. Era repugnante ver a las hermanas entrar en un altercado físico justo al lado de su difunta madre yaciendo en el ataúd. Tristemente, es una escena que al enemigo le encanta acomodarse y contemplar tranquilamente.

La amargura te llevará a hacer algunas locuras, como tirar del dedo de una mujer fallecida.

He observado que cuando a las personas les cuesta perdonar, eso se nota. Es un absoluto: aférrate a un agravio u odia como si tu vida dependiera de ello, y te mostraré un deterioro emocional, espiritual e incluso físico.

Las investigaciones han mostrado sistemáticamente vínculos entre la mente y el cuerpo. Aquello en lo que pensamos se manifiesta físicamente. Según la Clínica Mayo, aferrarse a un resentimiento tiene un efecto negativo sobre los sistemas cardiovascular y nervioso. Un estudio ha demostrado que las personas que pensaban en una ofensa regularmente experimentaban una presión arterial alta, palpitaciones elevadas y un aumento de la tensión muscular.[3]

Por el contrario, esto es lo que recibes cuando perdonas: relaciones más saludables, mayor bienestar espiritual y psicológico, menos ansiedad, presión arterial más baja, menos síntomas de depresión, un sistema inmunológico más fuerte y una mejor salud cardiaca.[4] Parece un buen trato. Y pan comido.

Soltar la carga emocional de la falta de perdón puede incluso dar como resultado una descarga física, como descubrieron escritores en la Universidad Erasmus, la Universidad Nacional de Singapur y la Universidad de Maryland, quienes colaboraron en un par de estudios. En el primero, pidieron a los participantes que calcularan la cuesta de una colina. Los que estaban inducidos a sentir perdón percibían la cuesta menos inclinada que el grupo inducido a la falta de perdón. El segundo estudio era más activo. Los participantes fueron probados en un salto vertical. Los que perdonaron saltaban más alto que los que no perdonaron.[5]

El peso de la falta de perdón te arrastrará. Es una carga demasiada pesada de llevar en la carrera a la que has sido llamado a correr. Así que deja de llevar la cuenta. Comienza a perder la cuenta.

Sigue dando golpecitos.

Libera el poder

El perdón tiene la clave para la libertad, para la sanidad, para la integridad.

Cuando Jesús estaba en la cruz antes de morir, miró hacia abajo para contemplar una miserable escena. Los líderes religiosos le estaban ridiculizando. Los soldados romanos echaban suertes sobre sus ropas. La multitud le estaba maldiciendo con los puños alzados. Y mientras su cuerpo estaba estirado sobre dos maderos astillados, Él rogaba por aquellos que le estaban escupiendo, tirando de su barba, diciéndole que era un fraude que no servía para nada.

Jesús le rogó a su Padre celestial, diciendo: *"Padre, perdónalos, porque no saben lo que hacen"* (Lucas 23:34).

En una hora, el perdón salvó al mundo.

Cuando Jesús pronunció esas palabras, su espíritu fue liberado. Esto ocurrió justo antes de dar su último aliento y encomendar su espíritu en manos de su Padre (ver Lucas 23:46). El espíritu de Jesús solo se podía liberar en una atmósfera de perdón.

Antes de poder dejar esta tierra, Jesús tuvo que perdonar a quienes le estaban torturando, a los que se burlaban de Él, a los que estaban blasfemando de Él. Esto era importante porque las manos de Dios no tocarán espíritus que no liberen perdón. Siempre que liberas perdón, liberas el poder del Espíritu de Dios.

Cuando Jesús liberó perdón y finalmente murió en la cruz, el cielo y la tierra chocaron. La tierra tembló. El velo del templo se rasgó en dos. Las rocas se partieron por la mitad. Los sepulcros se abrieron.

> **Siempre que liberas perdón, liberas el poder del Espíritu de Dios y el poder de sanidad.**

(ver Mateo 27:51-52). Como escribió Pablo: *"De esa manera, desarmó a los gobernantes y a las autoridades espirituales. Los avergonzó públicamente con su victoria sobre ellos en la cruz"* (Colosenses 2:15). Cuando perdonas, también liberas el poder de la victoria sobre el diablo.

Hay más: cuando perdonamos, liberamos el poder de Dios en nuestra vida para producir sanidad.

El escritor del libro de Santiago preguntó:

> *¿Alguno de ustedes está pasando por dificultades? Que ore. ¿Alguno está feliz? Que cante alabanzas. ¿Alguno está enfermo? Que llame a los ancianos de la iglesia, para que vengan y oren por él y lo unjan con aceite en el nombre del Señor. Una oración ofrecida con fe,*

sanará al enfermo, y el Señor hará que se recupere; y si ha cometido
pecados, será perdonado.

Santiago 5:13-15

La primera sanidad que Dios hizo sobre este planeta que está registrada
en la Biblia no fue de un ser humano. Fue de unas aguas amargas. En
Éxodo 15 leemos que Dios llevó a unos dos millones de israelitas del
salado Mar Rojo a las aguas de Mara, que significa "amarga" en hebreo.
Dios no sanó una enfermedad o un hueso roto. Él sanó la amargura. Él
sabía que si podía conseguir que se liberase perdón y sacar la amargura,
la sanidad llegaría. Cuando perdonas, liberas el poder de sanidad.

Como lo dijo Corrie ten Boom: "El perdón es la clave que abre la puerta
del resentimiento y las esposas del rencor. Es un poder que rompe las
cadenas de amargura y los grilletes del egoísmo".[6]

Esto lo dijo una mujer que fue hecha prisionera en un campo de concen-
tración nazi por atreverse a ayudar a muchos judíos a escapar del Ho-
locausto durante la Segunda Guerra Mundial. A menudo veía a prisioneros, incluida su propia hermana Betsie, recibir un trato brutal de los
guardas de la prisión. Betsie murió mientras estaba en cautividad.

Durante años después de su milagrosa liberación, ten Boom habló a menudo en iglesias sobre su experiencia. Una noche después de haber dado
una charla sobre la necesidad de perdonar, vio entre la multitud a un
guarda nazi al que conocía, que había estado en el mismo campo, y que
había sido especialmente cruel con su hermana. Él se acercó a ella y le
pidió perdón.

En palabras de ella:

> Fue como si se me congelara la sangre... yo que cada día necesi-
> taba que me perdonaran mis propios pecados, y no podía. Betsie
> había muerto en ese lugar, ¿podía él borrar su terrible muerte
> simplemente pidiéndolo? No fueron muchos segundos los que él
> estuvo allí de pie, con su mano estirada, pero a mí me parecieron
> horas mientras luchaba con lo más difícil que jamás había tenido

que hacer. Y a la vez yo estaba allí de pie con la frialdad asiéndose a mi corazón. Pero el perdón no es una emoción, eso también lo sabía. El perdón es un acto de la voluntad, y la voluntad puede funcionar al margen de la temperatura del corazón...

Mecánicamente, propulsé mi mano hacia la que se había acercado a mí. Y al hacerlo, ocurrió algo increíble. La corriente comenzó en mi hombro, descendió por mi brazo, llegó hasta nuestras manos unidas. Y entonces ese calor sanador pareció inundar todo mi ser, haciendo que mis lágrimas aflorasen. "¡Te perdono, hermano!", clamé. "¡con todo mi corazón!".[7]

La batalla es real, pero también lo son las bendiciones.

La falta de perdón hiere. El perdón sana.

¿Qué te está deteniendo?

Hace años aconsejé a una mujer cuyo esposo les había dejado a ella y a sus cuatro hijos para irse con otra mujer. Le dije que el primer paso para poder sanar era perdonarlo. Mi declaración no fue bien recibida.

"Pero mi esposo no se merece que le perdone", dijo ella con lágrimas en sus ojos.

"Lo entiendo", dije. "Me refiero a que él hizo algo terrible que ha causado a ti y a tus hijos este gran dolor. Definitivamente no se *merece* que le perdonen". Hice una pausa por un momento. "Pero ¿tú sí lo mereces?".

Ninguno de nosotros merece que lo perdonen. Ninguno de nosotros merece la gracia que Dios nos da gratuitamente. Ninguno de nosotros merece las misericordias que Él renueva para nosotros cada mañana. Ninguno de nosotros merece ser amado con un amor incondicional, infalible e imparable.

Veo que hay ciertos obstáculos que se interponen en nuestro camino hacia perdonar a otros. Sé que hay muchos y que cada uno tiene una razón concreta por la que la lucha es tan difícil, pero quiero enfocarme en los siguientes para aclarar lo que *no* significa perdonar.

1. Perdonar no significa olvidar lo que ocurrió.

El viejo dicho "Perdona y olvida" es solo una verdad a medias. Ah, y contrariamente a la opinión popular, tampoco se encuentra en la Biblia.

¿Perdonar? ¡Sí! ¿Olvidar? Bueno, eso es un poco engañoso. Cuando perdonas, no recibes amnesia. ¿Cómo te olvidas de la imagen de ver a tu cónyuge en el acto de ser infiel? ¿Cómo te olvidas del momento en que tu tío te violó? ¿Cómo te olvidas del día en que tu padre te abandonó? ¿Cómo te olvidas de cuando tu hijo adolescente se gastó todo lo que había en tu cuenta de ahorros para comprar drogas?

Cuando perdonas a alguien, no, niegas la ofensa. No finges que nunca ocurrió. Sí ocurrió, y fue real. Fue malo. El perdón no elimina o minimiza la gravedad de la ofensa.

Pero la falta de perdón puede causar incluso un dolor más profundo. El peso de la falta de perdón te aplasta. Es una carga demasiado pesada para llevar en la carrera que somos llamados a correr. No perdonar a otros siempre conduce a una gran amargura, lo cual acabará con tu paz y gozo. Al no perdonar, estás saboteando tu propio bienestar. Cuando perdonas, sin embargo, eres liberado del tormento. Eres libre para amar, libre para tener paz, libre para estar gozoso, libre para vivir una vida plena.

Cuando perdonas, mediante la gracia de Dios, comenzarás a recordar de forma distinta.

En vez de servir como una coordenada del GPS para la amargura, la ofensa finalmente se convierte en un punto de referencia de lo mucho que has avanzado en el proceso de sanidad y de lo mucho que Dios ha obrado en tu vida para ver más allá del dolor. Perdonar a alguien puede ser instantáneo, pero el proceso de sanidad lleva tiempo.

Anímate. Antes de que te des cuenta, un día te despertarás y ese dolor de haber sido abandonado, traicionado o apuñalado por la espalda no será lo primero en lo que pienses. Y con el paso de cada día, el dolor irá disminuyendo.

2. Perdonar no libera de las consecuencias al ofensor.

A veces, escogemos no perdonar porque pensamos que significa que las personas que nos hirieron saldrán ilesas de lo que hicieron. Queremos que confiesen. Queremos que asuman la responsabilidad de sus acciones. Quizá incluso queremos que sufran como nosotros sufrimos.

La razón número uno por la que no queremos perdonar a las personas es porque queremos venganza. Nos consuela. En Génesis 27:41, Esaú se dijo a sí mismo: *"Pronto haré duelo por la muerte de mi padre y después mataré a mi hermano Jacob"*. Él deseaba equilibrar la balanza del bien y del mal.

¿Está mal querer justicia? Yo puedo perdonar a alguien por matar a un ser querido, pero eso no significa que esa persona no deba ir a prisión para el resto de sus días. Del mismo modo, la Biblia no enseña que la venganza sea algo malo o pecaminoso. En Apocalipsis 6:9-10 leemos sobre las almas de los mártires en el cielo que están ante el trono de Dios, clamando: *"¡Toma venganza!"*. El pecado no existe en el cielo, así que estas oraciones no deben ser pecaminosas.

No obstante, la venganza no es algo que nos corresponda a nosotros llevar a cabo.

La Biblia dice que hay dos cosas que le pertenecen a Dios: el diezmo y la venganza.

> *No os venguéis vosotros mismos, amados míos, sino dejad lugar a la ira de Dios; porque escrito está: Mía es la venganza, yo pagaré, dice el Señor. Así que, si tu enemigo tuviere hambre, dale de comer; si tuviere sed, dale de beber; pues haciendo esto, ascuas de fuego*

amontonarás sobre su cabeza. No seas vencido de lo malo, sino vence con el bien el mal.

Romanos 12:19-21 (RVR 60)

No nos corresponde ni a mí ni a ti pedir cuentas a alguien que nos ha herido. Le corresponde a Dios.

No venzas el mal con otro mal, sino más bien vence el mal con el bien (ver Romanos 12:21). Entrégale a Dios tu enojo. Entrégale a Dios tu deseo de venganza. Permite que Dios sea el juez y dé por pago lo que le tenga que dar.

Dios se toma la ofensa muy en serio. Jesús incluso dijo:

> *Dijo Jesús a sus discípulos: Imposible es que no vengan tropiezos; mas ¡ay de aquel por quien vienen! Mejor le fuera que se le atase al cuello una piedra de molino y se le arrojase al mar, que hacer tropezar a uno de estos pequeñitos.*

Lucas 17:1-2 (RVR 60)

En otras palabras, si alguien ofende a uno de los hijos de Dios, sería mejor para esa persona colgarse un bloque de cemento del cuello y tirarse al océano. ¡Ay! Esta es la manera de Dios de decir: "La venganza me corresponde a mí. Perdona, te hagan lo que te hagan, y déjame a mí el resto".

3. *Perdón no siempre significa reconciliación.*

Cuando perdonas a alguien, no significa que automáticamente debas reconstruir la relación que se ha roto. Podría ser, pero hay excepciones. Algunas personas no son fiables o son abusivas, y tener relaciones estrechas con ellos sería insano.

Por ejemplo, digamos que perdonas a alguien que nunca se disculpa y rehúsa aceptar que te ha ofendido. Aunque sigue siendo necesario que le perdones, no hay forma de que la relación se pueda volver a establecer si no es por un milagro de Dios.

Si un padre abusó sexualmente de ti cuando eras pequeño, puedes perdonarle sin tener que ser amigo de tu padre. Si un socio empresarial te engañó con los márgenes de tus beneficios, puedes perdonarle, pero no tienes por qué volver a hacer negocios con él. La reconciliación en cualquiera de estos casos sería una necedad; quizá incluso rayaría el masoquismo.

Recuerda que Dios no te ha destinado para que seas un muñeco de pruebas de conducción. Simplemente perdonar a alguien no es invitar a que la parte ofensora sea más abusiva. Hay situaciones en las que tendrás que establecer y asegurar unos buenos límites.

Yo no soy terapeuta licenciado, y no conozco tu situación concreta, pero si batallas con saber cómo sería una reconciliación sana o si tan siquiera está garantizada, te sugiero que consultes con un profesional, ya sea un consejero o pastor.

Suelta para que te puedas asir.

Deja de poner excusas para no necesitar perdonar. Dios te está diciendo hoy: "Suelta para que te puedas asir".

Tan solo hazlo

Abre tu corazón al perdón.

No esperes a perdonar hasta que "sientas" hacerlo, porque, francamente, es muy probable que eso no vaya a ocurrir. El perdón es una decisión, no un sentimiento. En vez de esperar a que un sentimiento cálido o agradable recorra todo tu cuerpo para pensar que puedes perdonar a alguien, hazlo hoy. Dependiendo de tu circunstancia, hazlo cara a cara, o si no puedes reunirte con esa persona, hazlo en privado entre Dios y tú.

A veces, quienes te han herido no tienen ni idea de lo que hicieron o rehúsan responsabilizarse de la transgresión. Perdona de todos modos. No esperes hasta que la parte ofensora tenga un encuentro con Jesús y te suplique que le perdones. Eso es muy probable que no suceda.

Perdona igualmente.

Da los siguientes pasos prácticos para comenzar a caminar en perdón hoy:

1. *Abre tu corazón.* Para perdonar, debes abrir tu corazón. No puedes sanar ni avanzar hasta que no hagas esto.

2. *Ofrece compasión.* En otras palabras, intenta caminar una milla en sus zapatos. No conoces la historia que hay detrás de la persona que te hirió. Esto no es fácil de hacer, pero intenta separar a la persona de las acciones de la persona, y ten compasión de él o de ella. De nuevo, esto no significa que excuses lo que él o ella hizo o que minimices la gravedad de la ofensa.

3. *Suelta a esa persona de la cárcel en la que le pusiste dentro de tu corazón.* Cuando dices: "Nunca perdonaré a fulanito mientras viva", acabas de poner a esa persona en una cárcel en tu corazón. Es el momento de dejar salir al ofensor. No hay duda de que él o ella rompió tu corazón, traicionó tu confianza o te hizo algo malo, pero para poder sanar y ser íntegro de nuevo, debes abrir la cárcel y dejar que la persona salga.

Perdonar es una decisión. Decide perdonar.

> **Te pido hoy que te unas al club del 70 x 7.**

Mientras lees este capítulo, me pregunto si hay alguna imagen que venga a tu mente repetidamente, específicamente la cara de alguien que te ha herido. Eso es Dios mostrándote a quién tienes que perdonar.

Te pido hoy que te unas al club del 70 x 7. No perdones solo una vez ni siete. Comprométete con un estilo de vida de perdón. Esto cambiará tu vida.

Cualquier ofensa que te hayan hecho, ya te has obsesionado con ella bastante tiempo. Avanza. Una de las estrategias más exitosas del enemigo es hacer que te enfoques en cosas que ya no importan. ¿Por qué pasar la única vida que tendrás intentando justificar el pasado, cuando puedes avanzar hacia la bendición de Dios?

No huyas del perdón. Corre hacia el perdón. Es un gran amigo. Si decides perdonar, tu corazón sanará.

LA GRAN IDEA

Deja de llevar la cuenta y empieza a perder la cuenta.

CAPÍTULO CINCO

EL AMOR EMPIEZA AQUÍ

*T*enemos que vivir la vida a todo vapor.

Vive con alegría, vive apasionadamente, ama completamente.

Ama completamente ahora, porque no se te ha prometido vivir un día más.

Miraba fijamente las notas del sermón que tendría que dar al día siguiente. La oscura tormenta en nuestra familia que compartí en el capítulo 1 estaba aumentando. Mi mensaje era un recordatorio de lo corta que es la vida y que tenemos que dejar de albergar resentimiento, amargura y enojo. Mientras más las miraba, más fuerte era el susurro.

Hipócrita.

Pensaba en la advertencia de Pablo a los líderes de la iglesia en 1 Timoteo. *Arregla las cosas en casa antes de comenzar a liderar a otros en la iglesia.* O como había escuchado alguna vez, si no funciona en casa, no lo exportes.

Hipócrita.

Estaba intentando mantener las cosas en orden en nuestra familia. Estaba intentando mantener la paz mientras una de nuestras hijas navegaba por aguas turbulentas. Estaba poniendo todo mi empeño para amar a mi familia como Cristo ama a la iglesia.

Lo admitiré, hubo momentos en los que luché con el sentimiento de que era un fracasado.

Hipócrita.

> La vergüenza no tiene por qué dirigirte. El amor sí puede.

Me pregunté si quizá estaba cargando sobre mis hombros el peso de demasiadas responsabilidades. Quizá las presiones de la iglesia, el ministerio de la televisión, la creación de programas, los presupuestos y los constantes viajes eran demasiado para mí. Me preguntaba si debía dejarlo todo. Quizá lo mejor sería que entregara mi carta de dimisión como pastor y dejara que otro me sustituyera.

Pocas horas después, tuve una conversación a corazón abierto con un buen amigo. Oramos. Hablamos. Y me recordó la verdad. Yo no era un hipócrita. Era humano. Era un hijo de Dios. Y era amado.

Las heridas de la vergüenza pueden ser muy profundas, y como los surcos en el barro, uno se puede quedar atascado en ellas.

Pero tengo buenas noticias para ti. La vergüenza no tiene por qué dirigirte. El amor sí puede.

Primero ámate a ti mismo

Primero hemos de dirigir el amor hacia nosotros mismos, porque la forma en que nos amamos afecta a cómo amamos a otros. Pero no me creas a mí.

Un experto en la ley una vez le preguntó a Jesús cuál era el mayor mandamiento. Lee detenidamente su respuesta: *"'Ama al Señor tu Dios con todo tu corazón, con toda tu alma y con toda tu mente'. Este es el primer mandamiento y el más importante. Hay un segundo mandamiento que es igualmente importante: 'Ama a tu prójimo como a ti mismo'"* (Mateo 22:37-39).

Jesús resume cientos y cientos de mandamientos, viejos y nuevos, en una palabra: amor. Pero hay un truco en la parte de amar a otros. Tenemos que saber cómo amarnos a nosotros mismos primero.

Me gusta decir que tenemos que sentirnos bien con nosotros mismos, aunque no de una forma narcisista, materialista o egoísta. Estoy hablando de una confianza interior firme basada en lo que Dios dice sobre nosotros, no una autoimagen distorsionada basada en lo que al diablo le gusta tirarnos a la cara.

¿Eres tú el que tuviste la aventura amorosa? ¿O tu cónyuge te engañó? ¿Tu hijo está luchando con una drogadicción? ¿Te sientes un fracasado porque no puedes reconciliar a tu familia?

Los desórdenes tienen una manera de reducir nuestra capacidad para amarnos a nosotros mismos, y en este lugar, el diablo prospera. A él le gusta susurrar frases familiares en nuestros oídos:

No eres suficientemente bueno.

No eres suficientemente santo.

Eres un vago.

Eres un indisciplinado.

Te llamas cristiano, ¿y aún tienes cosas que arreglar?

Cuando nos consideramos indignos, nos perdemos los tesoros que Dios tiene preparados para nosotros. Esto me recuerda la vez que Pablo y Bernabé estaban predicando a una multitud de prácticamente una ciudad entera. Algunos de los judíos, celosos de Pablo, provocaron una escena, contradiciendo todo lo que él decía.

Pablo no se dejó intimidar; de hecho, fue más osado. Respondió a sus diabluras diciendo: *"Era necesario que primero les predicáramos la palabra de Dios a ustedes, los judíos; pero ya que ustedes la han rechazado y se consideran indignos de la vida eterna, se la ofreceremos a los gentiles"* (Hechos 13:46).

Los judíos no eran capaces de recibir de Dios, pero no por el pecado, y no por Dios, y no por causa de Satanás. El problema eran *ellos*. Estas personas se privaron de la vida eterna por cómo se consideraban a sí mismos.

Ámate y mantente lejos de tu propio camino. A veces tu peor enemigo eres tú mismo.

Me pregunto cuántas bendiciones nos perdemos por sentir que somos indignos. ¿Cuántas veces no hemos recibido la bondad de Dios porque sentimos que no merecemos la manifestación de su gloria?

Observa que esto no tiene que ver con nosotros. No somos dignos en base a nuestro propio mérito. Somos dignos mediante Jesucristo y solo mediante Él. Cuando empezamos a reconocer nuestra valía en Él, las cosas cambian. Comenzamos a abrirnos a las grandes cosas que Dios tiene preparadas para nosotros.

Cuando no podemos amarnos

Es asombroso lo ruidosos que nos parecen los susurros de la autocondenación. Día tras día. Noche tras noche. Durante años, a veces. No es de extrañar que no podamos asimilar del todo el mandato de Jesús de amar a otros.

Cuando dejamos que las mentiras anulen al amor, esto afecta a los que nos rodean. Tendemos a poner nuestras frustraciones, falta de valía, vergüenza o culpa sobre aquellos a quienes amamos. No podemos amar nunca como si nunca nos hubieran herido, si no nos amamos a nosotros mismos.

Quizá sepas exactamente de lo que estoy hablando. Si batallas con la depresión, puede que te aísles de otros y, en el proceso, dificultes el crecimiento de unas relaciones saludables. Si batallas con la vergüenza, puede que te cueste ser compasivo con otros. Si batallas con encontrar tu auto-estima, quizá te resulte difícil confiar en los que te rodean.

Jesús conocía del todo los problemas derivados de una falta de amor por uno mismo. Por eso no respondió a la pregunta de los escribas soltando un dicho de una galleta de la fortuna, ni digno de un Tweet, ni una cita jugosa.

Jesús nos *mandó* amarnos a nosotros mismos. No fue una sugerencia; fue un mandato. Cuando nos amamos a nosotros mismos, nos acercamos un paso más al reino de Dios, que es justicia, paz y gozo (ver Romanos 14:17).

No se trata de cómo te ves a ti mismo

La autoestima no es la meta, sino la Dios-estima. No se trata de lo que tú piensas de ti, sino de lo que Dios piensa de ti.

No importa lo que hayas hecho o lo que te hayan hecho. Jesús te ve como una obra maestra maravillosa. A fin de cuentas, vienes de un linaje de realeza.

Recientemente leí un artículo interesante sobre la cría de caballos y un semental digno de atención llamado Tapit. Tapit es un semental blanco en Gainesway Farm en Kentucky. Bello y elegante, es un ganador de apuestas de Grado 1; más importante aún, ha engendrado un gran número de crías que son increíblemente rápidas. Su primera camada produjo un campeón: Stardom Bound, ganador del premio Breeders' Cup Juvenile Fillies. Muchas de sus crías han tenido mucho éxito en varias carreras de caballos muy prestigiosas.

En la actualidad, Tapit es el semental de mayores ingresos de los Estados Unidos. El costo de cruzarle es de 300.000 dólares cada vez. Pero no es el caballo más caro de la historia. El difunto Storm Cat tuvo una carrea exitosa de veinte

> **La autoestima no es la meta, sino la Dios-estima.**

años como semental, y en cierto momento ganó un costo de cruce de 500.000 dólares.

Imagínate gastar medio millón de dólares (o cerca de esa cantidad) para dejar embarazada a una yegua. Cuando se trata de que la yegua dé a luz, a primera vista, lo que consigues por tu dinero se parece un poco a un timo. Ahí llega un potro empapado y pegajoso, temblando por el viaje del nacimiento. Apesta y está lleno de sangre. Sobre sus protuberantes rodillas, el animal apenas si puede sostenerse.

Pero aunque el potrillo es pequeño e inestable, frágil y sucio, los propietarios rondan con orgullo. Y te dirán, con la máxima confianza, que aunque este potro nunca ha corrido en ninguna carrera ni ha tenido un jinete en su espalda, cada dólar gastado ha merecido la pena. ¿Por qué? Porque el caballo viene de un linaje de ganadores. Su valor no está basado en sus actuales logros o premios. No se le considera digno por los muchos títulos que ha conseguido. Es una realeza viva.

> **Puede que no estés donde Dios quiere que estés, pero estás destinado para el círculo del ganador.**

Nuestro linaje es Jesucristo. Tenemos la sangre de un campeón recorriendo nuestras venas. Quizá has fallado. Quizá te has desviado. Quizá la vida te ha aplastado. Puede que no estés donde Dios quiere que estés, pero estás destinado para el círculo del ganador. Eres un vencedor por la sangre del Cordero y la palabra de tu testimonio (ver Apocalipsis 12:11).

Si aún no estás ahí, espera. Dios quiere llevarte.

Prepárate para un nuevo tú

¿Recuerdas el programa de *reality* llamado *Extreme Makeover*? ¿Y *The Swan*? En estas dos series de televisión, hombres y mujeres comunes y corrientes se someten a cirugías plásticas, intensos programas de ejercicio e incluso trabajo dental para transformarse en algo hermoso.

Un ama de casa cansada que había dejado de cuidarse después de tener tres hijos pasa unas semanas lejos de su familia y regresa llena de glamur. Un hombre barrigudo al que le interesaba más trabajar que hacer ejercicio se va un tiempo para sufrir una transformación y regresa pareciendo el príncipe encantado. Hoy, los cirujanos están acaparando estos programas de televisión de *reality*. Series como *Botched* y *Dr. Miami* muestran los antes y después de la cirugía plástica, a medida que los pacientes pasan por el bisturí con la esperanza de sentirse mejor con ellos mismos.

La sociedad pone mucho énfasis en la apariencia externa. Cada año, las operaciones de cirugía plástica aumentan en número. En 2016 se realizaron 1,7 millones de cirugías plásticas. Esto no incluye los 17,1 millones de cirugías plásticas mínimamente invasivas como el Botox y la depilación láser. Antes de que empieces a dudarlo, esta es una zona libre de juicios. No estoy queriendo avergonzar a nadie que haya tenido o esté pensando en tener alguna operación de cirugía estética. Estoy seguro de que todos tenemos partes de nuestro cuerpo físico que desearíamos poder cambiar.

Escribo esto porque creo que refleja nuestra condición espiritual.

El pecado y la vergüenza tienen su manera de hacernos sentir feos; igual ocurre con las circunstancias. Quizá te sientas vacío o indigno porque tu matrimonio se está desmoronando delante de tus ojos. Quizá estés perdiendo la esperanza porque acabas de perder a un hijo. Tal vez sientas que las promesas de Dios no son para ti porque tus fieles oraciones para romper las cadenas de adicción parecen haber llegado a oídos sordos. Si es así, necesitas un empujón. Necesitas una transformación extrema. Por suerte, servimos al Dios de lo nuevo.

Dios puede darte un nuevo aspecto.

Dios puede darte un nuevo comienzo.

Dios puede darte una nueva vida.

Dios puede darte una nueva actitud.

La mayoría, si no todos los cirujanos plásticos, mantienen una carpeta que muestra su obra en los pacientes. Puedes ver cientos de fotografías y ver de primera mano lo mucho "mejor" que se ven las personas después de someterse a las operaciones.

La Biblia, también, está llena de antes y después. Jacob, que era un estafador, se transformó en un patriarca. El hombre poseído por dos mil demonios intercambió una vida de tormento por libertad. La mujer del pozo se dio cuenta de su verdadera identidad en Cristo, no en los hombres.

¿Necesitas una transformación? ¿Te estás aferrando a un exceso de equipaje? ¿Estás llevando pecados del pasado?

Piensa en tu armario espiritual por un minuto. ¿Qué te pones que está anticuado, que es feo y no te sienta bien? Si te cuesta amarte a ti mismo como Jesús nos mandó, probablemente tengas un montón de ropa que no sirve. Como pantalones tejanos anticuados. O tirantes. (Estoy hablando metafóricamente, claro).

Quizá no te des cuenta, pero algunas personas, al mirarse en el espejo por la mañana, hurgan en su armario espiritual y se preguntan qué ponerse, algo parecido a esto: *Veamos. ¿Qué tenemos aquí? Oh, sí, esto me sienta bien. Creo que me pondré mi herida porque estoy muy cómodo con ella. Mi papá me hirió. Mi marido me hirió. La iglesia me hirió. Sí, eso suena bien. Me la pondré.*

O quizá: *Veamos, ¿dónde está…? ¡Oh, ahí está! Sabía que estaba aquí por algún sitio. Mi pasado. Voy a vivir este día recordando los errores que he cometido. Me castigaré pensando en cada persona con la que me he acostado (o cada borrachera que he tenido jamás, o cada vez que perdí los estribos). Nota aparte: vestirte del pasado un día, por lo general viene seguido de una semana de vestirte de culpa.*

Nos ponemos todo tipo de cosas que nos mantienen en esclavitud. Vergüenza. Condenación. Quebranto. Temor. Ansiedad. Ira. Rencor.

¿Tienes un armario lleno de ropa fea, pero no tienes ni idea de qué ponerte? Te lo pondré fácil. Jesús quiere que te pongas justicia, paz y gozo. Él quiere que te pongas el Reino de Dios.

Él quiere quitarte el temor y vestirte con un sano juicio.

Él quiere llevarse tu lamento y darte misericordias renovadas.

Él quiere deshacerse de tu corazón roto y sanarte.

Él quiere eliminar tu debilidad, tus problemas, tus errores, tu lamento y tu pasado, y colmarte con su gracia.

La televisión necesita poner *este* tipo de transformaciones en los programas de *reality*.

Dios puede renovar nuestras familias también. Él puede tomar las partes viejas, dilapidadas y quebrantadas de nuestros hogares y restaurarlas. Dios puede unir lo que ha sido separado. Él quiere hacer eso desesperadamente.

Pero comienza contigo.

Esto es lo que puedes hacer para comenzar a amarte a ti mismo:

1. Sal de la jaula.

2. Renueva tu mente.

3. Echa tu vergüenza sobre Jesús.

1. Sal de la jaula

Hace años leí una historia sobre un oso que fue capturado siendo un osezno y se crió en un circo ambulante. Durante años tuvo que vivir en una jaula de tres metros y medio por tres metros y medio, beber agua sucia y comer alimentos podridos que habían sacado de la basura.

Cada día, puntualmente, cambiaba de un lado a otro de la jaula. Tres metros y medio hacia delante. Tres metros y medio hacia atrás. Balanceaba su gran cabeza marrón mientras caminaba lentamente. Hizo eso todos los días durante años, deteniéndose solo para comer o dormir. Era todo un espectáculo.

Los curiosos espectadores se detenían a mirar fijamente. El más cruel de los espectadores lanzaba algún cigarrillo o alguna piedra en la jaula del oso, con la esperanza de interrumpir el ritmo del animal. Pero sin importar lo que le lanzasen al oso, este continuaba su lento paseo de tres metros y medio.

Finalmente, el oso fue vendido a un zoológico local. Su nuevo hogar consistía en una expansión de pasto verde donde podía jugar y con estanques centelleantes en los que empaparse y bañarse. Incluso tenía algunos compañeros con los que juguetear.

Cuando el oso llegó a su nuevo lugar y los cuidadores del zoológico abrieron la puerta de su jaula, se sorprendieron al ver que el oso respondió haciendo… nada. El oso no se movió. Los cuidadores del zoológico tuvieron que obligarle a que saliera al espacio abierto.

Cuando finalmente salió de la jaula, el oso se puso en pie y contempló los alrededores. Se puso de pie en medio de una expansión. Libertad. De repente, el oso comenzó de nuevo su conocida cadencia depresiva. Doce pasos hacia delante y doce pasos hacia atrás.

Los cuidadores del zoológico estaban perplejos. Rápidamente se dieron cuenta de que el problema no era la jaula, sino la propia mente del oso. El oso estaba encarcelado por barrotes mentales, y no metálicos.

Algunos están haciendo el camino de tres metros y medio.

El enemigo ha trabajado mucho para grabar permanentemente en ti recuerdos dolorosos, con fracasos del pasado, con pensamientos de autosabotaje, con temor a un futuro incierto. Él quiere que te veas siempre como alguien que lo ha estropeado todo. *Así soy yo. Nunca cambiaré. Nunca me curaré. Nunca estaré bien.*

Cuando somos bombardeados por las mentiras del diablo y comenzamos a creerlas, quedamos atrapados en un mundo pequeño. En vez de aceptar la libertad y correr a Jesús, algunos intentamos encontrar alivio temporal anestesiándonos con comida, drogas, alcohol, sexo, o agotando nuestra tarjeta de crédito.

Proverbios 23:7 nos dice que somos lo que pensamos. Si creemos que hemos sido perdonados, redimidos, sanados, completos y creados para grandes cosas, nos convertiremos en esa realidad. La verdad de la otra cara de la moneda es más difícil de tragar. Si pensamos que no valemos para nada, que no somos útiles, bueno, pues así seremos.

Por lo tanto, tenemos que alimentar nuestra mente con cosas buenas. Cuando te das una comilona de pensamiento negativo, volviendo a recordar las heridas que alguien te provocó o el dolor que alguien te causó, se convierte en un hábito. Ese hábito después resultará en un mal carácter. Una vez que se establezca en ti el mal carácter, afectará a tu destino. Cuando comienzas a creer las mentiras del enemigo sobre quién eres, comienzas a destruir tu destino.

2. Renueva tu mente.

Entonces, ¿cómo cerramos el canal de las mentiras?

Una forma es renovando tu mente. Romanos 12 aporta el punto de inicio.

> *Por lo tanto, amados hermanos, les ruego que entreguen su cuerpo a Dios por todo lo que él ha hecho a favor de ustedes. Que sea un sacrificio vivo y santo, la clase de sacrificio que a él le agrada. Esa es la verdadera forma de adorarlo. No imiten las conductas ni las costumbres de este mundo, más bien dejen que Dios los transforme en personas nuevas al cambiarles la manera de pensar.*
>
> Romanos 12:1-2

Se trata de cambiar el pensamiento erróneo. Se trata de meditar en la Palabra de Dios y dejar que ella penetre en lo más hondo de nuestro ser.

Se trata de recalibrar nuestra mente alimentándola de la verdad. Se trata de finalmente deshacerse de los malos tatuajes de nuestra mente.

Hablemos por un momento del borrado de los tatuajes. Aunque el proceso varía según el tamaño, color y edad del tatuaje, por lo general funciona de este modo: cuando se enfoca directamente sobre el tatuaje, un láser (que es un rayo de luz de alta intensidad) rompe los colores del pigmento. Tras una serie de sesiones, el tatuaje debería borrarse casi o por completo.

Lo interesante es que el láser necesita un poco de ayuda en este proceso. Cuando el rayo de luz rompe las partículas de tinta, los glóbulos blancos de la sangre absorben estos diminutos trocitos y los transportan hasta el riñón, donde, finalmente, son expulsados del cuerpo. En otras palabras, el tatuaje se elimina mediante la luz que viene del exterior y la sangre que está en el interior.

¿Qué tatuajes ves en el espejo cada mañana que limitan tu potencial? ¿O los planes y propósito que Dios tiene para ti? ¿O tu capacidad de amar a otros y a ti mismo? Comienza a enfocar sobre ellos lo que Dios dice, como un láser. El escritor del Salmo 119 dice que la Palabra de Dios es una lámpara a sus pies y una luz a su camino. La Biblia es luz para nosotros también hoy.

Cuando lees la Palabra, obra desde fuera, quebrantando la imagen que el enemigo ha intentado incrustar permanentemente en ti con tinta. Quizá es la imagen de que nunca cambiarás, de que tu familia nunca se reconciliará o de que tu pecado lo ha estropeado todo.

Cuando la Palabra de Dios penetra en lo más hondo de tu alma, la sangre de Jesucristo actúa desde dentro con perdón y redención.

Este es el trato: el legalismo, ir a la iglesia solo para que nos vean o intentar ser positivos todo el tiempo no cura la baja autoestima, la depresión o el pensamiento negativo. No elimina los juegos mentales que nos afectan. Proverbios 16:6 dice: *"Con misericordia y verdad se corrige el pecado"* (RVR 60). La misericordia es la sangre y la verdad es el láser.

Deja atrás tu pasado renovando tu mente mediante la luz y la sangre. Así es como puedes empezar: cambia lo que te dices a ti mismo.

Toma un minuto y piensa en lo que te dices a ti mismo. ¿Hablas mal de ti mismo? Contéstale a tu crítico interior. La mujer con el flujo de sangre en Marcos 5 dijo en su interior: *Si tan solo pudiera tocar el borde del manto de Jesús, seré sana.* Las batallas más importantes que peleamos, muchas veces suceden internamente.

Si te cuesta amarte por algo que hiciste, piensa en esto: si Dios está dispuesto a perdonarte, tú también deberías estar dispuesto a perdonarte. Si rehúsas perdonarte, te estás sometiendo a un estándar más alto que Dios. ¡Eso es orgullo al máximo!

> **Contéstale a tu crítico interior.**

El pasado solo se puede sanar de una manera: perdónalo. Eso es lo único que puedes hacer por ti mismo que puede cambiar todas tus mañanas.

Antes de continuar leyendo el resto de este capítulo, te desafío a que hagas la siguiente oración:

> *Padre, perdono y suelto todos los errores y pecados de mi vida. Me quedo con las lecciones aprendidas. Perdono a todos, y especialmente a mí mismo. A partir de hoy, decido caminar en amor, y te doy gracias por la fuerza y gracia para hacerlo. Amén.*

3. Echa tu vergüenza sobre Jesús.

Finalmente, aprender a amarte significa tomar tu vergüenza y ponerla sobre Jesús.

La mayoría conocemos la historia del hijo pródigo de Lucas 15. Un hombre tiene dos hijos. Uno exige su herencia pronto y se va a vivir a una ciudad lejos de su familia. Allí se permite cada deseo pecaminoso que había tenido nunca. Se va de fiesta, bebe, consume drogas y se acuesta con una mujer distinta cada noche.

Cuando se le acaba el dinero, se acaba también la diversión, y también los que decían ser sus amigos. Se encuentra a sí mismo sin dinero, solo y extrañando su casa. Comiendo porquerías de una pocilga, el joven arrogante ahora está quebrantado. Está enredado en su culpa y vergüenza, pateándose el trasero a sí mismo por haber tomado unas decisiones tan estúpidas.

Quiere regresar a casa, pero no puede evitar preguntarse qué dirá su padre. Quizá meneará su cabeza y gritará: "¡Te lo dije, idiota!". Quizá ni siquiera le abra la puerta de su casa. El hijo comienza a preparar su discurso de disculpa. Convencido de que su papá no le aceptará de regreso como hijo, piensa pedirle a su padre que le deje volver a su casa como si fuera uno de sus siervos. El chico viviría en casa y tendría tres comidas al día, y el padre tendría otro trabajador para arreglar el jardín y sacar la basura. Es una situación buena para los dos.

Finalmente, el hijo se despierta una mañana y comienza su viaje de regreso a casa. Su estómago está revuelto por la ansiedad. Tiene las palmas de las manos sudorosas. Está sucio y apesta. Y una y otra vez durante el camino, recita el discurso de "mea culpa" que ha estado practicando durante toda la noche.

Y ahora llega mi parte favorita. *"…y cuando todavía estaba lejos, su padre lo vio llegar. Lleno de amor y de compasión, corrió hacia su hijo, lo abrazó y lo besó"* (v. 20).

Me parece interesante que el padre corrió hacia el hijo. Verás, en esos tiempos, el padre de esta historia sería el patriarca de su villa. En esta pequeña y unida comunidad, todos se conocen entre sí, y todos se meten en las cosas de los demás. Así que cuando el hijo se fue, fue una noticia de última hora. Pero no solo rompió el corazón de su familia; el joven también rompió las leyes, y eso tenía que pagarlo.

Si un judío se iba de su comunidad, vivía con los gentiles, perdía su herencia y volvía a casa, los hombres mayores de la aldea hacían la tradicional ceremonia del *kezazah*.

El *kezazah* era una muestra pública de vergüenza. Los ancianos tomaban un cuenco de barro y lo vertían a los pies del ofensor. Esta tradición simbólica cortaba oficialmente al ofensor de su familia, de su comunidad y de su fe. Tras romper el cuenco en pedazos, los ancianos avergonzaban al hombre con palabras. "Por lo que a nosotros respecta, tus vínculos con esta comunidad están cortados. No tienes parte aquí. No tienes derechos aquí. Has avergonzado esta aldea. Has roto el corazón de tu padre. Has quebrantado la ley de Dios. Y te advertimos que si vuelves a esta aldea, te lapidaremos".

¡Qué dolor!

Puedes ver por qué fue algo bueno que el padre viera a su hijo desde lejos. Él sabía que llegaba el *kezazah*. Sabía que en cuanto los ancianos de la comunidad vieran un destello del hijo pródigo fuera de las puertas de la aldea, los miembros del consejo del juicio inmediatamente iniciarían la ceremonia de vergüenza.

Así que con un amor implacable que no se había dado por vencido, el padre se apresuró a correr hacia su hijo. Mientras aceleraba el paso, el papá se levantó el borde de su túnica, exponiendo así sus piernas desnudas. Se consideraba vergonzoso en esa parte del mundo que un patriarca, un hombre de buena posición, corriera; no solo eso, sino que también era vergonzoso enseñar las piernas desnudas. Doble vergüenza. Pero al padre no le importó. Él quería llegar a su hijo antes que los demás.

Cuando los dos se reunieron, fue como una escena de una película de Hollywood.

"Lo siento", clamó el joven, arrojándose a los pies de su padre. "No soy digno".

"Oh, hijo", sollozaba el padre. "Estoy muy contento de que hayas vuelto a casa". Y mientras brotaban las lágrimas, el padre llamaba a sus siervos y les pedía que trajeran la mejor túnica y el anillo más valioso, que le pusieran zapatos en los pies, y que hicieran una fiesta porque su hijo había vuelto a casa.

El hijo no podría haber vuelto a casa sin el padre. Nosotros tampoco podemos regresar a casa sin el Padre. No podemos regresar a Dios por nuestro propio mérito, en nuestra propia justicia. No podemos conseguir lo bueno para llegar a Dios. Llegamos a Dios para conseguir lo bueno.

Muchas personas intentan llegar a casa sin el Padre. La religión señala tu pecado, menea su dedo y te dice: "Eres una vergüenza". Jesús te da la bienvenida con los brazos abiertos, y dice: "No, la vergüenza es mía". Él toma tu culpa y tu vergüenza y la pone sobre sí mismo.

> **La religión señala tu pecado, menea su dedo y te dice: "Eres una vergüenza". Jesús te da la bienvenida con los brazos abiertos, y dice: "No, la vergüenza es mía".**

En 2 Corintios 5:21, Pablo escribió: *"Pues Dios hizo que Cristo, quien nunca pecó, fuera la ofrenda por nuestro pecado, para que nosotros pudiéramos estar en una relación correcta con Dios por medio de Cristo".*

La religión te dirá que Dios nunca puede usarte. La religión te dirá que no hay esperanza para tu familia. La religión te dirá que te guardes el rencor. La religión hará que vistas la vergüenza. La religión te dirá que pierdas toda esperanza de reconciliación.

La religión te dirá que es imposible amar como si nunca te hubieran herido.

Dios, sin embargo, te dará la gracia que necesitas y el poder para amar como si nunca te hubieran herido.

Dios quiere restaurarte. Él quiere ofrecerte el anillo de aceptación. Él quiere reconciliarte con el Reino. Él quiere invitarte a sentarte en su mesa. Como está escrito en Isaías 61:7: *"Disfrutarán de una doble honra en lugar de vergüenza".*

Una vez que nos aferramos a la verdad de la gracia, esta no solo nos capacita para perdonar y amarnos a nosotros mismos, sino que también nos impulsa a perdonar y amar a otros, porque si somos honestos reconoceremos que hay un hijo pródigo en todos nosotros. Y a veces, para recibir el milagro, es necesario aprender a amar en medio de una gran dificultad.

Ahora que has leído la historia del hijo pródigo en la Biblia, llevémoslo a tiempos modernos. Quizá te identifiques con el siguiente escenario.

Lisa creció en la iglesia. Sus padres eran buenas personas que amaban a Lisa y solo querían lo mejor para su hija. Ella cometió el error de su vida cuando comenzó a salir con Bill. Tras varios meses, Lisa estaba enamorada y quería casarse con él.

Lisa sabía que él tenía un problema con la bebida. Él también tenía muchas excusas. Ella sabía que no le gustaba mucho ir a la iglesia con ella, pero se convenció de que le cambiaría. A pesar de las advertencias de su pastor y de las súplicas de sus padres, siguió adelante con su idea y se casó con él. Aproximadamente un año y medio después, ella estaba viviendo un infierno en vida.

La bebida de Bill aumentó y pasó al abuso físico, y Lisa pidió el divorcio. Estaba destrozada. Había ignorado todos las señales de aviso. Siempre que los hijos de Dios se casan con los hijos del diablo, tendrán problemas con su suegro.

La buena noticia es que Dios nunca nos abandona. La recuperación tras las malas decisiones que has tomado puede ser una experiencia dolorosa, pero Dios siempre está

> **"Disfrutarán de una doble honra en lugar de vergüenza".**

dispuesto a restaurarte, a darte un nuevo comienzo. Él dijo en Jeremías 31:3-4 (NVI): *"Con amor eterno te he amado; por eso te sigo con fidelidad, oh virginal Israel. Te edificaré de nuevo".*

LA GRAN IDEA

Aprender a amar a otros comienza con aprender a amarte a ti mismo.

CAPÍTULO SEIS

BONDAD AMOROSA

"Quieren que hagamos un programa de *reality* en televisión", dijo Cherise.

"¿Qué?". A mí eso no me sonaba muy bien. "¿Sobre qué?".

"¡Sobre nuestra familia!".

Con estas palabras, mi esposa explotó de risa. Y yo también.

Una productora de Bravo, el canal de televisión conocido por sus programas de *reality*, había contactado a Cherise. Esta mujer le había lanzado a mi esposa su "brillante" idea de hacer un *reality* sobre las familias de los predicadores. Le estaba ofreciendo a la familia Franklin el papel de protagonistas.

Para que quede claro, yo no pensaba que la idea fuera brillante, pero a Cherise no le cuesta mucho convencerme para que haga ciertas cosas. Yo accedí a aceptar una llamada con respecto al proyecto, principalmente para conseguir información, y usar la ocasión para decir cara a cara, ya sabes, el típico "Gracias, pero no me interesa".

Justo antes de la video llamada, Cherise y yo no podíamos dejar de partirnos de la risa sobre lo absurdo que sería filmar "tras bastidores" en casa de la familia Franklin. Tan absurdo, lo admito, que yo probablemente lo vería. Lo que estaba ocurriendo con nuestro tiempo devocional familiar por la noche sería algo bueno para ver en televisión.

Déjame decir esto claramente: yo me tomo muy en serio mi responsabilidad espiritual de liderar a nuestra familia. Siempre he orado para que Dios arraigara a nuestra familia en amor y unidad, pero también seré el primero en decir que hubo veces en que probablemente me pasé a la hora de cumplir mi responsabilidad espiritual.

En ese entonces, sentí en mi corazón reunir a los niños antes de acostarse y darles un mensaje de tres minutos sobre un versículo específico, además de pasar otros tres minutos en oración conjunta. Me refiero a que, en teoría, esto es una buena disciplina, y Dios puede hacer maravillas cuando hacemos ese compromiso. Sin embargo, como ocurrió en la época oscura de nuestra familia, intentar reunir a todos en un lugar para orar aunque solo fuera por cinco minutos era algo casi imposible. Todos los niños estaban enojados por algo o con alguien. Y ninguno se molestaba en ocultarlo.

Cada noche me ponía en el vestíbulo ante las escaleras y gritaba hacia la fila de cuartos cerrados del segundo piso. "¡Vamos todos! ¡Bajen a la cocina para tener un tiempo devocional!".

Silencio.

Pasaban unos minutos y nadie llegaba. Repetía la misma frase, pero esta vez más alto. Y nada.

Cherise finalmente se hartaba, se acercaba con paso firme, y gritaba: "¡Por el amor de Dios! Si no bajan todos ahora mismo para el devocional, ¡subiré y les traeré arrastras!".

Y uno a uno, nuestros hijos aparecían por las escaleras, a cámara lenta, quejándose en cada paso del camino. Cuando todos estaban en la cocina, tres de los cinco rostros estaban marcados por la frialdad de las piedras. Estaba claro que la mayoría de nuestros hijos no quería estar ahí, pero a mí no me importaba. Yo iba a dirigir a esta familia hacia el amor.

Comenzaba con una palabra de ánimo. Después pedía a cada uno de los niños que nos dirigiese en oración.

"Vamos", incitaba a mi hija mayor. Ella miraba hacia el piso sin decir una palabra. Pasaban unos segundos. Silencio. "Está bien", decía yo, y procedía a hacerlo yo mismo.

Me dirigía a mi segunda hija. "De acuerdo, te toca". Mi hija apartaba los ojos de mí, con sus brazos cruzados firmemente sobre su pecho. Silencio. Yo suspiraba y decía: "Está bien".

Ocurrió lo mismo con casi todos los demás, casi cada noche, durante unos cuantos meses. Definitivamente, no era una escena que uno quisiera grabar con cámaras de televisión.

Regreso a la llamada.

Cherise y yo escuchábamos mientras la productora sugería diferentes ángulos para el programa. Mientras más escuchaba, más sentía la necesidad de acabar con todo aquello.

"¿Cuántas familias estarían en el programa?", preguntó Cherise a la productora.

"Tres, pero no podemos decirle quiénes son".

Tiempo para la confesión. Yo no soy el pastor más culto sobre computadoras del planeta. Aunque obviamente podíamos ver a la mujer en el otro lado de la línea durante la video llamada, por alguna razón pensaba que ella solo podía oírnos, pero no vernos.

Así que sin hacer ningún intento de ser discreto, le di un codazo a Cherise para llamar su atención. Después hice un gesto con la mano cerca del cuello, ya sabes, la típica señal para referirse a la muerte. En otras palabras: "¡Acaba *ya* con esta conversación!". También añadí algunos movimientos con la cabeza para reforzar mi sentimiento de "¡no haremos esto!".

La productora, por supuesto, inmediatamente observó mis drásticos gestos corporales. "Entiendo su reticencia, señor Franklin. Pero permítame decirle…"

Ella no se tenía que haber molestado. Simplemente no me podía imaginar las cámaras en mi casa mostrando todo lo que pasaba en nuestra familia. Y bueno, el resto de esa conversación no es importante. Cherise y yo dijimos que estábamos agradecidos por la oportunidad, pero que no estábamos interesados.

Aunque tuvimos un buen rato para reírnos después, eso no disminuía las luchas en casa, que eran muy reales. Quizá te identifiques.

Efesios 4:32 nos dice: *"sean amables unos con otros, sean de buen corazón, y perdónense unos a otros, tal como Dios los ha perdonado a ustedes por medio de Cristo"*. En ese momento, nuestra familia no estaba siendo un ejemplo a seguir por nuestros actos de bondad.

¡La bondad hay que trabajarla!

Cuando era soltero, nunca tuve problema para ser amable con otros. Era dulce, paciente, amable. El niño de póster para el capítulo de Pablo sobre el amor.

Todo cambió cuando me casé. No me convertí en un monstruo ni nada parecido, pero sucedió que la vida de casado era muy distinta de la vida de soltero. Ya no dependía de mí mismo.

Ya no veía a Cherise unas cuantas veces a la semana, ¡ahora vivía con ella! Estaba compartiendo mi vida con ella, lo cual significaba que no podía ocultar más mis verdaderos sentimientos. Si estaba de malas, Cherise lo notaba. Si era impaciente, ella se daba cuenta. Si estaba frustrado, ella lo sabía. Y a veces mi problema de actitud se le pegaba.

Como si eso no fuera suficiente, después comenzaron a venir los hijos. Cinco. Los fatigantes asuntos de niñas de dos años se convirtieron en complicados asuntos de adolescentes. Permíteme decir que he aprendido muchas lecciones sobre la bondad durante el viaje.

Una de las más importantes es que es mejor reconciliarse con alguien que tener razón.

> **Es mejor reconciliarse con alguien que tener razón.**

¿Sabes cuántas veces dormí en el cuarto de invitados porque estaba enojado con Cherise por algo, y que por lo general era una tontería? Lo divertido es que a ella no podía importarle menos. ¡Ella dormía bien toda la noche en una cómoda cama toda para ella!

En esos tiempos, las discusiones acaloradas a veces se ponían feas, estaban salpicadas de palabras poco amables y acusaciones injustas. Cherise sacaba su arma infalible, y también su frase favorita, y me la lanzaba en el rostro. "¡Vaya! ¡Y tú dices ser un predicador!".

Yo entonces hurgaba en mi bolsa de malas bromas verbales y sacaba mi frase favorita. "¡Tú me hiciste querer llamarme a mí mismo borracho!".

En muchas de nuestras discusiones que teníamos al principio de nuestro matrimonio, yo luchaba hasta la muerte para demostrar mi punto. Quería que ella viera que yo tenía razón. Pero aunque yo "ganara", pagaba un alto precio por ello. Lo único que estaba haciendo era apartándola y separándonos más. Habría sido mejor que yo me hubiera callado, hubiera dejado de intentar golpear a un caballo muerto y, en cambio hubiera buscado la reconciliación. Ciertamente ya no hablamos así. Si lo hiciéramos, no estaría escribiendo este capítulo.

No es fácil ser amable cuando se está bajo presión. No es fácil ser amable cuando tu cónyuge y tú tienen ideas distintas sobre la educación de los hijos. No es fácil ser amable cuando tus hijos están descontrolados, cuando aprietan las finanzas, cuando tu suegra se viene a vivir contigo, o cuando eres el único cristiano de la casa.

Pero incluso en todas esas cosas, somos llamados a ser amables.

Otro problema matemático

Si recuerdas, en el capítulo 4 hablé de que el perdón no es una ecuación matemática. Se nos manda a perdonar: a todos, todo el tiempo.

En el libro de Efesios encontramos una fórmula que tiene que ver con el perdón. Pablo escribe: *"Líbrense de toda amargura, furia, enojo, palabras ásperas, calumnias y toda clase de mala conducta. Por el contrario, sean amables unos con otros, sean de buen corazón, y perdónense unos a otros, tal como Dios los ha perdonado a ustedes por medio de Cristo"* (Efesios 4:31-32).

En la primera parte de este pasaje, Pablo nos dice qué no hacer: No se amarguen, no se enfurezcan, etc. En otras palabras, drenen la ciénaga. Saquen la conducta mala. Suéltenla. Desháganse de ella.

En la segunda parte, Pablo nos dice qué hacer: Sean amables, de buen corazón, perdonadores. Esta es una prueba que te deja saber si has perdonado a alguien o no. Si no puedes ser amable o tener buen corazón, tienes que seguir dando golpecitos a tu asunto del perdón.

> **Si no puedes ser amable o tener buen corazón, tienes que seguir dando golpecitos a tu asunto del perdón.**

Pero ser amable no es solo un subproducto del perdón. Es lo que nosotros como cristianos estamos llamados a hacer. Es la forma en que amamos a otros como Cristo nos ama a nosotros.

Si quieres amar como si nunca te hubieran herido, deshazte de la amargura y comienza a ser amable.

Ser amable significa tratar con respeto al camarero que te sirve. Significa disculparte sinceramente (y morderte la lengua) cuando tu vecino te insulta porque tu perro orinó de nuevo en su patio. Significa dejar de criticar y hablar mal de otros, con tu boca o con tu teclado, porque tienen una cosmovisión distinta u otra opinión.

Ahora bien, estoy seguro de que no eres un mal cristiano. Probablemente siempre sonríes y dices por favor y gracias. Pero ríete conmigo un momento; haz algo de inventario propio. ¿Cómo evaluarían personas desconocidas y tus seres queridos tu actitud?

¿Sacarías una buena nota por ser generoso, por echar siempre una mano, por ser amable con la cajera del supermercado que tiene grandes los lóbulos de las orejas? ¿Te tacharían de tacaño al dar propinas o como un cliente perpetuamente insatisfecho en tu restaurante habitual? Los miembros de la junta de la asociación de padres de familia, ¿dirían de ti que lo único que haces es quejarte? ¿Diría tu cónyuge que él o ella nunca sabe de qué humor estarás cuando te despiertes o cuando llegues a casa del trabajo? ¿Diría tu hijo que siempre estás en el teléfono con tus amigas, hablando de lo que llevaba puesto tal o cual persona o de lo mala madre que es?

Quizá seas la persona más amable del mundo, y si es así ¡magnífico!, pero quizá te podrías poner en pie para afinar tus habilidades de amabilidad.

Si quieres amar como si nunca te hubieran herido, es tiempo de comenzar a ser una persona amable. Todo el tiempo; no solo cuando el predicador anda cerca, cuando te está viendo alguien importante, cuando tienes ciertos invitados a cenar o solo cuando te apetece. (¡O cuando las cámaras están grabando!).

Sé amable… siempre.

Cuando tienes un buen corazón, te conmueve la demacrada mirada de esa mamá soltera con tres hijos ruidosos que se sienta a tu lado en el restaurante de comida rápida. La verás acunando a su bebé con un brazo y con el otro tratando de controlar a su niño de dos años que está intentando pegar sus mocos en tu mesa. Te darás cuenta de que el tercer hijo está montando una rabieta porque quería *nuggets* de pollo en vez de la hamburguesa de queso. Pero no levantarás las cejas ni le mirarás con desdén. Te levantarás, dirás algo de ánimo, y le ofrecerás pagarle la comida.

Ser amable es ser santo

Es una vergüenza cuando los creyentes publican la doctrina correcta, pero tienen el espíritu incorrecto. Ser amable es ser santo. ¿Quieres saber lo santo que eres? Determina lo amable que eres.

> ¿Quieres saber lo santo que eres? Determina lo amable que eres.

Pablo escribió a la iglesia en Galacia: *"Pues toda la ley puede resumirse en un solo mandato: 'Ama a tu prójimo como a ti mismo', pero si están siempre mordiéndose y devorándose unos a otros, ¡tengan cuidado! Corren peligro de destruirse unos a otros"* (Gálatas 5:14-15).

La única razón por la que tenemos o nos esforzamos por tener el fruto del Espíritu en Gálatas 5:22-23 (amor, gozo, paz, paciencia, benignidad, bondad, fe, mansedumbre y templanza), es para que alguien pueda mordernos y ver de lo que realmente estamos hechos.

Ni el mundo ni nuestros familiares necesitan más agobio, crítica, quejas y señalarles con el dedo. No vamos a marcar una diferencia en las vidas de otros siendo mezquinos, imponiendo nuestras opiniones o golpeando a las personas en la cabeza con nuestras pancartas.

El mundo necesita nuestros brazos abiertos. El mundo necesita gracia. El mundo necesita amor. El mundo necesita más amabilidad y bondad.

A lo largo de los años he recibido unos cuantos correos electrónicos quejándose sobre algo o sobre alguien de nuestra iglesia. *La música está demasiado alta. Las luces distraen mucho.*

¿Sabes qué? Nunca he recibido ni un solo correo quejándose de lo amable que es nuestra iglesia. *Nadie* se ha quejado jamás de que somos demasiado gentiles. O de que sonreímos demasiado. O de que somos demasiado genuinos. O de que somos demasiado amistosos. Es divertido que esas son las cosas que sé que a las personas más les gusta de nuestra iglesia. ¡Sabemos cómo ser amables!

La ley de la amabilidad va por encima de todo.

Sé que algunas personas son agresivas en cuanto a dónde dejar que las personas se estacionen o se sienten. Entiendo que el orden es necesario, y en nuestra iglesia intentamos mantenerlo todo lo posible. Pero ¿sabes qué? Si un invitado no quiere estacionar donde le decimos que lo haga, no nos vamos a volver locos por ello.

En su lugar seremos amables.

Si una familia no quiere sentarse en la segunda fila de la iglesia cuando la segunda fila está vacía y necesitamos que se llene ese espacio, no vamos a enfurecernos.

En su lugar seremos amables.

Recientemente, mi esposa me recordó una historia divertida sobre algo que le ocurrió a su madre, Pat. Pat trabaja para nuestro ministerio en Partner Relations, ayudando a las personas que colaboran con nuestro ministerio. Ella conecta con ellos a veces albergándolos en nuestra suite de hospitalidad después de la reunión. A Pat también le encanta reunirse y hablar con las personas que se acercan a pedir oración durante nuestros llamados al altar.

Hace algunos años estábamos teniendo una conferencia de mujeres, y después del llamado al altar mi suegra se presentó y comenzó una conversación con dos mujeres que terminaban de orar. Tras unos minutos de charla, ellas mencionaron que eran socias del ministerio. Bueno, Pat casi se muere de la vergüenza.

"¡Vaya!", dijo ella. "Me encantaría invitarles a nuestra suite de hospitalidad. ¿Les importaría venir conmigo?". Las dos mujeres miraron sorprendidas, pero la siguieron hasta esa zona, donde se sentaron en un sofá y disfrutaron de una taza de café recién hecho.

Resultó que Cherise entró en la suite poco después. Su madre la asió del brazo y, con una amplia sonrisa, le señaló en dirección a las dos mujeres. "¡Cariño, me encantaría que conocieras a dos de nuestras socias!".

Después de que mi esposa saludó y conversó un poco con ellas, rápidamente se dio cuenta de que su madre había cometido un error. Esas mujeres no eran socias de nuestro ministerio.

Cherise se llevó disimuladamente a su madre hacia una esquina de la sala.

"¿Puedo hablar contigo un momento?".

"¡Por supuesto!".

Cuando no les oían, Cherise le susurró: "Mamá, ellas son socias. Ya sabes", hizo una pausa y volvió a repetir la palabra enfáticamente, "*socias*".

Pat parecía confusa.

Cherise lo volvió a intentar. "No son socias ministeriales, mamá. Son socias *en la vida*. Ya sabes, ¡lesbianas!".

Cuando mi esposa me contó la historia después de que ocurrió, me reí, pero también me sentí desafiado. Me recordó cuán importante es mostrar amabilidad a todos en nuestra iglesia. A todos.

> **El llamado a la amabilidad no tiene fronteras. Es ilimitado.**

No deberíamos dar un trato preferencial solo a las personas con las que compartimos la misma teología o convicciones. Nuestra amabilidad debería trascender con quién o con qué estamos cómodos. ¿Por qué no íbamos a invitar a esas preciosas mujeres a la suite de hospitalidad y mostrarles amabilidad? ¿Qué tiene eso de malo o de extraño? El llamado a la amabilidad no tiene fronteras. Es ilimitado.

Muestra una amabilidad inusual

"No es una buena idea", dijo el prisionero con convicción. Le rogó al oficial romano y a la tripulación del barco que no zarparan para emprender el viaje, pero su consejo cayó en oídos sordos.

El oficial romano se dirigió al capitán del barco. "¿Qué piensa usted, capitán?".

Burlándose del prisionero, el capitán respondió: "Señor, este tipo no sabe de qué está hablando. Yo soy el que tiene experiencia, ¿no cree? Confíe en mí. Ya he hecho esto muchas veces, y sé lo que hago. Zarpemos".

"Le repito", dijo nuevamente el prisionero con voz aguda, "que deberíamos quedarnos donde estamos hasta que el tiempo se aclare. Si zarpamos, este barco y todos los que vamos en él sufriremos graves daños".

"¿Y tú qué sabes?", siseó el capitán. "No eres marinero, ¡tan solo un predicador!".

Por lo tanto, el barco zarpó rumbo a Roma con un transporte de prisioneros, incluido el apóstol Pablo, que había intentado con todas sus fuerzas convencer a la tripulación de no hacerlo.

Como había presagiado, no mucho después de que el barco abandonara el puerto, se desató un infierno. Un fenómeno climatológico desastroso, algún tipo de tifón, barrió el mar. Cayó una lluvia fuerte. La visibilidad era nula. El viento zarandeaba el barco como si fuera una muñeca de trapo para las olas gigantes.

La tormenta martilleó contra estos hombres catorce días seguidos. Cada uno de los 276 pasajeros, incluido Pablo, estaba exhausto y helado por el constante azote del agua y el viento. Algunos de ellos habían perdido toda esperanza. Quince días después, la tormenta aún arreciaba, y el barco colisionó contra un banco de arena. Bajo un aluvión de olas, la nave comenzó a romperse. Todas las personas a bordo tuvieron que nadar para salvar sus vidas.

Milagrosamente, todos sobrevivieron. Vapuleados por la madre naturaleza, los hombres llegaron a la orilla de una isla llamada Malta. Medio desnudos y empapados por las continuas lluvias, los hombres se lanzaron a la arena mojada, vomitando agua salada. Aún algunos yacían sobre los trozos del barco a los que se habían aferrado para salvarse.

Mientras los hombres besaban la tierra en agradecimiento por estar vivos y otros se sentaban perplejos por lo que había sucedido, la ayuda llegó a ellos en forma de algunas personas maravillosas. La Biblia nos dice que los nativos de Malta fueron "muy amables" con los hombres naufragados (ver Hechos 28:2). La versión The Message (traducción libre) lo dice así: *"Los nativos fueron inusualmente amigables con nosotros. El día era lluvioso y frío, y ya estábamos empapados hasta los huesos, pero ellos construyeron una fogata enorme y nos reunieron junto al fuego".*

Los habitantes de Malta fueron extraordinariamente amables con estos extranjeros. No dejaron que el lenguaje, la cultura o las barreras raciales les impidieran no solo ser amables, sino "muy amables". Fueron más allá de lo normal con unos perfectos desconocidos. Así es como tenemos que ser con los perdidos y los quebrantados que llegan a nuestras costas.

¿Eres tú muy amable con los que son distintos a ti? Estoy pensando en el vecino que se acaba de mudar desde el Medio Oriente, el que llega por primera vez a la iglesia con el color de su tez más claro o más oscuro que el tuyo, el dependiente de la tienda con acento extranjero. Si han llegado a tus costas, ¿qué deberías hacer? ¿Les ignorarás? ¿Permitirás que tus temores a lo desconocido ahoguen el mandato de amar?

Ahora imagínate a bordo de ese barco.

Has sido golpeado por las olas, acribillado por la lluvia y el viento. Sientes que apenas puedes aguantar más, y cuando parece que ya no hay esperanza, llegas a una isla extraña rodeada de personas de aspecto raro. Y en vez de tirarte de nuevo al agua porque no eres de su parte del mundo, te reciben con los brazos abiertos. Te ofrecen un lugar caliente. Te arropan con una manta alrededor de tus hombros temblorosos de frío. Te dan algo de comer. Te hacen sentir cómodo, como en casa.

Yo llamo a esto el valor de un lugar cálido. Nosotros los cristianos deberíamos esforzarnos por ser esos lugares cálidos para los que se sienten perdidos o les ha golpeado la vida.

Para la persona que está luchando con una adicción y quiere que le ayuden.

Para la persona golpeada por la depresión y la ansiedad.

Para la persona confusa sobre su identidad.

Para los hombres y las mujeres cuya teología no se alinea con la nuestra.

Para los que son de otra raza.

Para los jóvenes que están heridos por las actitudes malvadas, feas y críticas entre algunos cristianos.

Tenemos que reconocer el dolor de otros y calentarles con el fuego del Espíritu Santo. Tenemos que decirles que Dios les ama y que no se ha dado por vencido con ellos.

Algunos de ustedes han experimentado mucha amabilidad cuando han estado estancados en un punto bajo de su vida. Quizá alguien te prestó su automóvil cuando el tuyo se había estropeado. Quizá alguien te ofreció cuidar de tus hijos gratis cuando no podías pagar una niñera. Tal vez alguien te dio una oportunidad y te invitó a un grupo de recuperación. Quizá, aunque cometiste algún grave error, alguien creyó en ti lo suficiente para orar por ti y ser tu mentor.

> **Nosotros los cristianos deberíamos esforzarnos por ser esos lugares cálidos para los que se sienten perdidos o les ha golpeado la vida.**

Recuerda esas bendiciones y comparte esa misma amabilidad inusual con otros. Recibe calor y da calor.

Ve el tesoro en el campo

La Biblia nos dice que el reino de los cielos *"es como un tesoro escondido que un hombre descubrió en un campo. En medio de su entusiasmo, lo escondió nuevamente y vendió todas sus posesiones a fin de juntar el dinero suficiente para comprar el campo"* (Mateo 13:44).

Si quieres sobrevivir en la vida y disfrutar de relaciones exitosas, tienes que darte cuenta de que todas las personas tienen un tesoro y que todas las personas tienen un campo.

A menudo, solo vemos el tesoro cuando navegamos apaciblemente, libres de conflicto y agitación.

Pero cuando suceden cosas en la vida y la realidad salpica a nuestras relaciones, comenzamos a ver los campos, con todas sus imperfecciones. Y entonces nuestra actitud comienza a cambiar. Comenzamos a criticar. Nos molestamos. Nos quejamos. A menudo sentimos que estamos obligados a hacer esas cosas porque los estreses de la vida son demasiado grandes para nosotros.

No somos llamados a ser amables solo cuando experimentamos las bendiciones de nuestras relaciones.

Dios nos ha llamado a comprar el campo.

En otras palabras, cuando la vida se pone difícil y la persona que amas no está en un gran lugar, tienes que cavar entre los escombros, las botellas rotas, las pilas de chatarra, la basura, las ratas y los automóviles oxidados que no funcionan, porque enterrado en ese campo tan estropeado hay un tesoro.

No puedes tener el tesoro a menos que compres el campo entero.

> **No puedes tener el tesoro a menos que compres el campo entero.**

Encuentras el tesoro en las relaciones cuando decides ser amable y mostrar bondad. Cuando decides creer en lo que es posible, no en tu realidad presente. Cuando decides reconciliarte, en vez de luchar por tener la razón. Cuando decides no hablar mal a tu esposo sin motivo alguno. Cuando decides dejar lo que estás haciendo y amar a tus hijos aunque estés estresado por las finanzas. Cuando decides no hacerle un gesto feo al conductor que se te coló en el tráfico. Cuando decides darle a la camarera una propina extra aunque te trajo mal la orden de comida.

El tesoro podría aparecer en forma de una relación profunda y significativa que nunca pensaste que sería posible. El tesoro podría venir de desarrollar tu carácter, crecer como persona, ser más y más como Jesús.

Es tiempo de asumir el trabajo de ser un cazador de tesoros en vez de un inspector de campo. Deja de enfocarte en el campo o lo que está mal con las personas. Dirige tus ojos hacia el tesoro, lo que Dios puede hacer en esa persona o situación.

Las personas son personas y van a cometer errores. Aquí tienes una realidad: tú también. Así que deja de ser malo. Deja de ser feo con otros. Sé amable. Sé misericordioso. Ama a Dios y ama a las personas, incluso a las que menos se lo merecen y menos lo esperan.

El poder de la amabilidad para transformar

Durante los años, he visto el poder que viene de escoger ser amable, no solo con mi propia familia, sino con otros.

Pienso en hace más de veinte años, en quien era entonces mi ayudante personal: Susan. Cuando dejó de enfocarse en el campo de su esposo, que no tenía la misma fe que ella, y comenzó a ser amable, finalmente desenterró el tesoro.

Susan fue la primera y única persona de su familia en nacer de nuevo. Durante dos años asistió sola a la iglesia. Cada domingo después de la reunión, regresaba a casa con su esposo y su hijo de veinte años, Tracy, el cual tampoco compartía su fe. Su esposo Alan era un buen hombre y un buen proveedor. Sencillamente no estaba interesado en las cosas espirituales. Prefería jugar al golf y beber cerveza los domingos.

A menudo, Susan dejaba una poderosa atmósfera de alabanza y adoración en la iglesia y regresaba a casa con su marido y su hijo, que no eran espirituales en modo alguno. Esto le afectaba a ella. Le rompía el corazón. Muchas noches se dormía llorando, preguntándose si su familia alguna vez sería salva y compartiría su misma fe.

Tras dos años de asistir a la iglesia ella sola y vivir sola para Dios en su hogar, el Espíritu Santo comenzó a hablarle sobre cómo ganar a su esposo para Cristo. Él le desafiaba a controlar su lengua. Susan comenzó a mostrarle respeto a Alan, honor, y amor incondicional. En vez de estar triste o amargada por ser la única cristiana en su familia, ella regresaba a casa de la iglesia, le daba un beso a su esposo en la mejilla y le servía una deliciosa comida. No se hacía la víctima, la pobre esposita que pelea la buena batalla de la fe sin el apoyo de su familia. Tampoco juzgaba a Alan por no ir a la iglesia, ni le decía que era una mala persona. Ella le mostraba amabilidad cada día.

Susan también oraba Efesios 1:17-18, pensando en su marido cada día:

> *Y le pido a Dios, el glorioso Padre de nuestro Señor Jesucristo, que les dé sabiduría espiritual y percepción, para que crezcan en el conocimiento de Dios. Pido que les inunde de luz el corazón, para que puedan entender la esperanza segura que él ha dado a los que llamó —es decir, su pueblo santo—, quienes son su rica y gloriosa herencia.*

Susan creía que Dios tenía un plan para su familia, aunque Satanás estaba intentando convencerla de que Alan y Tracy nunca serían salvos. Pero Susan seguía creyendo, seguía orando y seguía siendo amable. Estaba danto testimonio a Alan sin decir ni una palabra. Su espíritu amable y gentil le estaba dando testimonio a él.

Cuando Alan vio el cambio en su esposa, comenzó a ir a la iglesia con ella. Aunque no se convirtió de inmediato, se sentaba junto a su esposa en la reunión domingo tras domingo. Su hijo comenzó a ver que su padre iba a la iglesia con su madre. Pocas semanas después, él también decidió ir a echar un vistazo a la iglesia.

Esa mañana de domingo, Tracy recorrió el pasillo, nació de nuevo y fue lleno del Espíritu Santo. Pocas semanas después prediqué un sermón ilustrado en el que Tracy era uno de los personajes. Cuando hice el llamado al altar esa mañana, Alan recorrió el pasillo y fue salvado gloriosamente y lleno del Espíritu Santo.

Dios tenía una tarea maravillosa para esta familia. En la actualidad, Tracy es un buen amigo que trabaja como pastor ejecutivo de todos nuestros campus. Alan es uno de los mejores cristianos que conozco.

He oído que Mark Twain dijo: "La amabilidad es un lenguaje que los sordos pueden oír y que los ciegos pueden ver". La amabilidad puede abrir puertas de restauración. Puede traer sanidad. Puede derribar muros. Puede ofrecer esperanza. Puede cambiar a las personas.

No importa si ser amable no es algo que sale natural en ciertas situaciones o si la amabilidad te parece una interrupción en tu agenda. Hazlo igualmente. Y observa cómo Dios comienza a moldear tu corazón para que ames como si nunca te hubieran herido.

Para terminar este capítulo, me gustaría desafiarte.

Si sabes algo de mí, sabrás que soy un gran defensor del ayuno. Esta disciplina privada aporta muchos beneficios personales. Puede cambiar nuestras vidas y las vidas de nuestras familias, comunidades e incluso el mundo.

Quiero desafiarte a que consideres hacer un ayuno de la crítica. Haz esto durante al menos 24 horas. Refrénate de criticar al gobierno, a tu vecino, al extraño que escribe algo en las redes sociales, a tu iglesia o a tu cónyuge.

Proverbios 18:21 nos dice: *"Las palabras matan, las palabras dan vida; o bien son veneno o fruta, tú decides"* (The Message, traducción libre). Las palabras negativas crean una atmósfera que ahogará un espíritu que da vida.

Comprométete a hablar cosas buenas. Y si no puedes decir algo bonito, sencillamente no digas nada.

LA **GRAN** IDEA

Sé amable, cuando tengas ganas de serlo y cuando no.

CAPÍTULO SIETE

LUCHADORES, INCENDIARIOS Y PACIFICADORES

"¡Chicos, compórtense!". La voz de papá surcó por los aires hasta donde estábamos mis dos hermanos y yo haciendo un alboroto. Parecía que siempre nos estaba diciendo que dejásemos de hacer alboroto. Y para ser fiel a su carácter, daba seguimiento a su orden recordándonos las consecuencias si desobedecíamos.

Pero los chicos siempre serán chicos.

No recuerdo exactamente cómo comenzó. Quizá mis hermanos y yo empezamos a pelear en el cuarto, o tan solo seguimos la lucha que había interrumpido nuestro padre. Fuera como fuera, el caso es que terminó con un golpe. Para mostrar su fuerza, uno de mis hermanos mayores puso mi cuerpo entre sus brazos y me lanzó contra la pared. Yo me estampé contra la pared de yeso, dejando mi silueta marcada en ella. Los tres nos quedamos sin aliento al ver el gigantesco agujero que habíamos hecho, y con los ojos abiertos como platos.

A papá, por supuesto, no le pareció nada divertido lo que sucedió.

Escuché a mi padre gritarnos para que fuésemos a su habitación. Era el momento de ajustar cuentas. Yo sabía que nos merecíamos un castigo, y daba por supuesto que recibiría yo la paliza como un campeón.

Mi padre era un buen hombre que siempre controlaba sus emociones. Nunca le había visto perder los estribos. Sí, se enojaba con nosotros cuando nos portábamos mal, y nosotros siempre nos merecíamos sus palabras de corrección y cualquier castigo que nos impusiera, pero la verdad es que nunca nos disciplinó con ira. Admiro a mi papá por eso.

Esta vez fue distinto. Mirando atrás, ahora me doy cuenta de que probablemente le habíamos llevado al límite, producido por una acumulación de las presiones de ser pastor, el peso financiero de cuidar de una familia grande e intentar solventar toda clase de dificultades con ciertas personas de la iglesia.

Papá fue a buscar el cinturón mientras mis dos hermanos y yo nos poníamos en fila delante de él, tres personas culpables. Yo sabía que me había merecido lo que vendría, pero papá parecía un poco más enojado que de costumbre. Déjame ser claro: no nos dio latigazos sin medida ni gritó como un loco, ni nada parecido, cuando hizo descender el cinto. Solo estaba enojado.

Cuando los tres recibimos nuestro merecido, mis hermanos y yo salimos de la habitación. Dolidos y avergonzados, nos juramos no volver a luchar nunca más dentro de casa.

Una hora después, mientras estábamos jugando con nuestros muñecos G.I. Joe o algo así, papá nos llamó: "Chicos, por favor vengan a la habitación". Se me encogió el estómago. *¿Estamos otra vez en problemas? ¿Acaso un castigo no fue suficiente?* Mis hermanos y yo intercambiamos miradas de asombro y lentamente acudimos a la habitación de papá.

Nunca olvidaré la mirada en el rostro de papá. Sus ojos estaban enrojecidos de haber llorado y con un profundo dolor. Yo mismo pondría esa expresión siendo padre muchos años después.

Yo estaba confuso. ¿Habíamos hecho algo malo? Y después llegó el acto de humildad más grande que jamás había experimentado de un padre hacia un hijo. Con los cuatro conformando un círculo, de pie, papá se puso de rodillas, y con las lágrimas recorriendo sus mejillas, profundos sollozos que le salían del alma y de su cuerpo tembloroso, dijo tartamudeando: "Lo siento. Su papá se equivocó. Perdí los nervios. No debería haberles hecho eso".

Papá siempre había insistido en que nos disculpáramos el uno con el otro, y nos hacía decir: "Lo siento", por arrebatarle a otro un juguete o proferirle algún pequeño insulto. Pero allí estaba delante nuestro, arrodillado en la alfombra, un gran hombre, nuestro padre, disculpándose con nosotros.

Aunque yo era pequeño, supe en mi corazón que no debió haber sido fácil para él admitir que se había equivocado. Esa imagen memorable de humildad dejó una marca profunda en nuestras vidas. Fue una escena que ninguno de nosotros olvidaría jamás.

Y después papá se quitó su cinturón. Lo asió fuertemente con su mano temblorosa, y se lo dio a uno de nosotros. "Tengan", dijo él. "Azótenme".

Mis hermanos y yo nos quedamos mirándole fijamente, helados. Ninguno lo agarramos. Las lágrimas comenzaron a rodar ahora por nuestras mejillas. No se podía hacer otra cosa que llorar. Mis hermanos y yo nos acercamos y abrazamos a papá muy fuerte. El Espíritu de Dios estaba en esa habitación con nosotros, mostrando su poder en un momento de perdón, de ira atemperada, de vidas cambiadas para siempre.

Años después, me di cuenta de primera mano de lo que mi padre había pasado. Mi propia lucha de lidiar con la rebeldía de una hija y una casa llena de batallas verbales que supuraban mucho después de haber dicho la última palabra, era demasiado.

Odiaba lo que eso le estaba haciendo a nuestra familia.

Odiaba lo que eso me estaba haciendo a mí.

El amor no se enoja fácilmente

¿Recuerdas alguna vez en que perdiste los estribos?

Quizá le gritaste a tu hija, quizá incluso le soltaste algún improperio, y eso le dio el susto de su vida. Tal vez ya estabas tenso cuando conducías de regreso a casa y alguien se te cruzó por delante con otro automóvil, y comenzaste a acercarte demasiado a él y a gritarle. Quizá después de unas cuantas noches consecutivas de poco sueño lo arruinaste todo gritándole a tu cónyuge de forma amenazadora. Tal vez te descontrolaste mucho, hiciste algo físico, como arrojar algo a alguien, golpear a la pared o cerrar de un portazo la ventana.

A todos nos ha pasado en cierto grado. Es normal enojarse y querer hacer algo al respecto, pero no podemos posicionarnos para amar como si nunca nos hubieran herido si nuestro carácter nos controla.

Efesios 4:26 nos dice: *"Además, 'no pequen al dejar que el enojo los controle'. No permitan que el sol se ponga mientras siguen enojados"*. El enojo no es un pecado. No saber manejarlo sí.

El siguiente versículo advierte: *"porque el enojo da lugar al diablo"*. Cuando nos aferramos al enojo, cuando lo nutrimos, cuando insistimos en él, cuando pensamos en él y soñamos con él, damos lugar al diablo. La palabra griega traducida como "lugar" o "punto de apoyo" es *topos*, que significa "oportunidad". Es también de donde viene la palabra *topografía*.

> **El enojo no es un pecado. No saber manejarlo sí.**

Cuando vivimos con enojo sin resolver, el enemigo gana terreno en nuestro corazón. Le damos autoridad al enemigo. Así como el diablo prospera en la división, también opera bien en un entorno de enojo. *"Porque donde hay celos y contención, allí hay perturbación y toda obra perversa"* (Santiago 3:16 RVR 60).

No le des al enemigo ningún territorio donde acampar.

El enojo es un peligro. La mejor cura para manejar tu enojo es el retraso. *"Mejor es el que tarda en airarse que el fuerte"* (Proverbios 16:32 RVR 60). Uno de los peores frutos del enojo es la venganza, como hablé en el capítulo 4. La venganza es una mala compañera de viaje. Es como morder a un perro porque el perro te mordió a ti.

Cuando buscas vengarte, estás cediendo a un deseo de hacer daño y castigar a personas que te han ofendido. Les deseas un mal, les maldices. Incluso puede que desees su muerte. La venganza es realmente el peor estado de falta de perdón; te robará la creatividad, la energía positiva y el gozo que necesitas para vivir bien.

> **El enojo humano no produce la rectitud que Dios desea.**

Dios promete vengarse de sus enemigos; lo más importante para ti es cómo tratas tu hambre de justicia. Así que maneja bien tu enojo. Sé lento para responder. Mantén a raya tu espíritu.

La Biblia enseña: *"El enojo humano no produce la rectitud que Dios desea"* (Santiago 1:20). A veces intentamos resolver nuestros problemas liberando enojo. La verdad es que esa emoción desbocada nunca producirá una conducta recta.

El amor no se enoja fácilmente.

Momentos imprudentes

Las presiones de la vida tienden a sacar nuestras emociones más crudas y más profundas. En esos momentos, somos vulnerables a lo que yo llamo un momento imprudente.

Solo se necesitan unos minutos, incluso unos segundos, y puedes perder tu reputación, tu testimonio, tu ministerio o tus relaciones.

David casi perdió su trono debido a un momento imprudente; lo veremos en un minuto. Permíteme compartir uno mío.

Una noche, cuando nuestros hijos eran pequeños, les traía de vuelta a casa de una reunión de miércoles por la noche. Cherise estaba fuera de la ciudad, y yo tenía a los cinco niños conmigo. De camino a casa, todos comenzaron a quejarse de que se morían de hambre.

Nos detuvimos en un punto de comida rápida con grandes iniciales. Después de entrar en el carril para pedir desde el automóvil, pedí cinco comidas de niños con hamburguesas de queso, mencionando de forma clara y específica que no pusieran ni cebolla ni pepinillos.

Pero en casa, los niños estaban abriendo sus cajas de cartón y desenvolviendo las hamburguesas cuando alguien gritó horrorizado: "¡Mi hamburguesa tiene cebolla!". Después otra se quejó: "¡La mía tiene pepinillos!". Resultó ser que todas las hamburguesas tenían cebolla y pepinillos. Los niños, como niños que son, no comieron nada. Tiré a la basura las cinco comidas infelices y les di unos cereales.

Al miércoles siguiente, los niños y yo nos dirigimos al mismo restaurante después de la reunión. Entramos en el carril para pedir desde el automóvil y pedí lo mismo. Esta vez, le rogué a la mujer que me hablaba por el micrófono: "Por favor, señora, sin cebolla ni pepinillos. Esto es muy importante. Pedimos lo mismo la semana pasada y no lo hicieron. Por favor, asegúrese de que no suceda igual esta vez. Ni cebolla ni pepinillos".

Por supuesto, fui extremadamente prudente al decirlo; después de todo, soy el pastor Franklin. Ya no digamos que algunos miembros de mi congregación ¡estaban en la fila detrás de mí!

La mujer, cuya voz reconocí de la semana anterior, me aseguró que se ocuparía de ello.

Llegamos a casa. Los niños se sentaron en la mesa, y yo desenvolví la primera hamburguesa. Ni cebolla ni pepinillos…¡ni carne! Nada, excepto una lonja de queso con un pegote de kétchup y mostaza en el pan. Abrí la segunda hamburguesa, ¡lo mismo! La hamburguesa número tres, ¡igualmente!

En este instante estaba que echaba humo, y mis ojos estaban dando vueltas en las órbitas como la niña de *El exorcista*. Estaba listo para decirle a alguien lo que podía hacer con esas hamburguesas de queso.

Llamé al restaurante y exigí: "¡Quiero hablar con el encargado! ¿De quién es este restaurante? ¡Quiero un nombre y un número!". Algunos de los niños comenzaron a animarme. "¡Así se habla, papá! ¡Vamos!". Como a mitad de mi pataleta, me acordé de que acababa de predicar ante cientos de personas, y ahora la iba a pagar con alguien.

Inmediatamente tuve que calmarme. Me di cuenta de que estaba teniendo un momento imprudente.

Jesús dijo:

> *Han oído que a nuestros antepasados se les dijo: "No asesines. Si cometes asesinato quedarás sujeto a juicio". Pero yo digo: aun si te enojas con alguien, ¡quedarás sujeto a juicio! Si llamas a alguien idiota, corres peligro de que te lleven ante el tribunal; y si maldices a alguien, corres peligro de caer en los fuegos del infierno.*

Mateo 5:21-22

¡Caramba!

Un momento imprudente puede cambiar tu vida.

Puede hacer que pierdas tu testimonio. Puede hacer que pierdas tu unción. Puede hacer que pierdas tu empleo. Puede hacer que vayas a la cárcel. Puede ahogar el mover del Espíritu Santo en tu vida. Puede cerrar la puerta a los milagros. Puede cortar el fluir de bendiciones.

> **Un momento imprudente puede cambiar tu vida.**

Un momento imprudente casi le costó el trono a David.

¿Quién te dice que bajes la espada?

Antes de que David fuera coronado rey de Israel, era un fugitivo en su propio país. Estaba huyendo del rey Saúl. Aunque David fue ungido como rey durante el reinado de Saúl, no ascendió al trono de inmediato; fue ungido a los diecisiete años, pero no fue coronado hasta que tenía unos treinta.

Cuando se acercaba su trigésimo cumpleaños, el reloj seguía avanzando y ninguna de las promesas de Dios habían dado fruto en la vida de David. ¿Cómo es posible que Dios diga una cosa, pero las circunstancias de tu vida digan lo contrario?

A menudo, antes de llegar a tu destino experimentarás lo contrario de lo que quieres. No solo eso, sino que a veces serás probado justo antes de doblar la esquina para recibir lo que Dios ha prometido.

Antes de que Dios fuera coronado rey de Israel, él y su banda de rebeldes acamparon en una tierra propiedad de Nabal, un hombre rico. Nabal estaba casado con una mujer muy bella e inteligente llamada Abigail. Aunque este hombre actuó neciamente, su esposa usó su discernimiento para honrar a David, el hombre de Dios (ver 1 Samuel 25).

Los hombres de David habían decidido proteger y guardar a los pastores de Nabal. En vez de pedirles que les pagasen dinero, les pidieron comida para recuperar sus fuerzas.

Nabal actuó como su nombre, que significa "necedad". Rehusó darles comida. Para añadir leña al fuego, acusó a David de ser un siervo que había huido de su amo. En otras palabras, llamó a David un don nadie. Al rehusar a David, Nabal le insultó.

Cuando los hombres de David informaron de lo que había ocurrido, David se enfureció.

En este momento imprudente, reunió a cuatrocientos hombres de entre sus mejores guerreros. "Tomen sus espadas, chicos", dijo él. "Vamos por este Nabal. Que Dios me juzgue si no le mato a él y a cada uno de los varones de su familia antes de que se ponga el sol".

¿Cuántos de ustedes han llegado a un punto de quiebre en su vida? El estrés del trabajo, problemas de salud, problemas matrimoniales, infinitas cargas ingratas de lavadoras, niños gritando, jefes antipáticos, y entonces algo ocurre que te hace perder los estribos.

Cuando la presión aumenta y nuestras reservas emocionales y mentales están a punto de quedarse vacías, solo se necesita una conversación, un golpecito en nuestra herida que ya supura, una persona que nos avergüenza o un comentario hiriente, y podemos destrozar a alguien, quizá no físicamente, pero sí mediante nuestras palabras o acciones maliciosas.

La emoción humana es impredecible. Y los cristianos no estamos exentos de esas veces en que las presiones de la vida sacan a relucir nuestras emociones más crudas y más profundas.

Piensa en esto: ¿Cómo está tu nivel de paciencia cuando el estrés te supera? ¿O cuando la cuenta del banco está bajo mínimos? ¿O cuando tus hijos adolescentes no andan bien? ¿O cuando el jefe demanda más tiempo con menos dinero, otra vez? ¿O cuando estás cuidando de un padre anciano con Alzheimer y ya te sientes drenado por tener que cuidar de tus propios hijos pequeños? No es fácil aplacar a las fieras emociones en estas situaciones.

Cuando Abigail oyó que David llegaba para destruir a su familia, no se derrumbó ante la inminente crisis, sino que preparó un picnic.

"La blanda respuesta quita la ira; mas la palabra áspera hace subir el furor" (Proverbios 15:1 RVR 60).

Abigail escogió cuidadosamente su momento y fue a reunirse con David. Preparó una maravillosa comida a base de pan, vino, cordero y pastel. Llegó y les ofreció a él y a sus hombres lo que les había preparado. Alimentó a David, le calmó y consiguió que se relajara.

Dios puso a Abigail en la vida de David para impedir que hiciera algo que hubiera matado su destino. Veo que Dios siempre pone una Abigail en nuestra vida. Puede ser un amigo, un cónyuge, un pastor, la distracción de una llamada de teléfono, o incluso un hijo. Y este Abigail te encarrilará.

Quizá ya tienes una Abigail en tu vida. Si no, quisiera presentarte a alguien que siempre estará ahí a tu lado: el Espíritu Santo.

El Espíritu Santo quiere interceptar tus momentos imprudentes.

Justo cuando estás listo para pagarla con alguien, el Espíritu Santo puede susurrarte al oído: *Baja la espada.*

> **El Espíritu Santo quiere interceptar tus momentos imprudentes.**

Cualquiera que sea el reto que tienes por delante, sabes que es una distracción diseñada por el enemigo para sacarte de la pista de tu destino. Si David hubiera ignorado la interrupción de Abigail, lo habría arruinado todo. Y no habría sido coronado rey de Israel.

Reconoce tus momentos imprudentes.

Nunca respondas a las picaduras de tobillos de un hombre menor. No sientas que tienes que ponerte a ese mismo nivel. Dios tratará con personas así.

Algo maravilloso de esta historia es que Nabal murió semanas después. David se casó con Abigail, y finalmente se convirtió en un gran rey. Al salvar el futuro de David, esta mujer aseguró también el suyo.

Dios se ocupó del enemigo de David. Él quiere hacer lo mismo contigo. Así que cuando se produzca el altercado, cuando alguien haga que tu sangre hierva, cuando alguien a quien amas diga algo o haga algo que te llegue hasta lo más hondo, deja que el Espíritu Santo intervenga. Deja que Él te impida hacer algo estúpido que te cueste tu familia, tu sueño o tu destino.

A veces tienes que callarte

Hay veces en que no podemos retirarnos físicamente de una situación, pero podemos bajar nuestra espada de otra forma. Podemos cerrar nuestra boca.

Solíamos cantar una vieja canción góspel en la iglesia sobre cómo el Señor lucha nuestras batallas si le dejamos, y así siempre tendremos la victoria.

No tienes que luchar con tu enemigo. Tienes que asirte de tu paz y dejar que el Señor luche tu batalla.

No tienes que reprender a las personas que dijeron un chisme sobre ti. Tienes que dejar que Dios les muestre el error de sus caminos. No tienes que gritar a tus hijos porque hicieron algo estúpido. Tienes que estar quieto y dejar que Dios obre en sus vidas. No tienes que lanzar una rápida respuesta ingeniosa a tu cónyuge después de que él o ella haya dicho algo que te haya herido. Puedes orar y decirte a ti mismo: "¡Tranquilo, hay una victoria en progreso en mi situación!".

Probablemente conoces la historia sobre cómo el antiguo Israel conquistó la ciudad de Jericó. No fue resultado de su bien equipado ejército o de su bien planificada estrategia de combate. Dios prometió la victoria mediante medios inusuales.

> **No tienes que luchar con tu enemigo. Tienes que asirte de tu paz y dejar que el Señor luche tu batalla.**

Él ordenó al pueblo que marchara alrededor de la ciudad una vez al día durante seis días, seguido de siete veces el séptimo día, durante el que los sacerdotes harían sonar sus trompetas y le dirían al pueblo que gritara.

Lo interesante, y muchos no ven este detalle crucial, es que antes de que esto ocurriera, Josué ordenó al pueblo, diciendo: *"No griten, ni siquiera hablen… Que no salga ni una sola palabra de ninguno de ustedes hasta que yo les diga que griten. ¡Entonces griten!"* (Josué 6:10).

En otras palabras, cierren la boca hasta que yo les diga lo contrario.

¿Cuántas veces has abierto tu boca y has provocado destrucción con las palabras que salieron? Quizá insultaste a alguien, y en el mismo momento que esa primera palabra salió, supiste que estaba mal. Quizá dijiste comentarios dañinos que lastimaron a la que antes fue una gran amistad. Tal vez reprendiste a un ser querido sin ninguna medida de dominio propio, y eso marcó su sentimiento de valía.

La próxima vez que te veas tentado a ir a ese lugar, quédate quieto. Hay un milagro en progreso.

Me gusta lo que dijo Benjamín Franklin: "Recuerda no solo decir lo correcto en el lugar correcto, sino más difícil aún, no decir lo incorrecto en el momento de la tentación".[1]

Sé un fabricante de paz

Jesús dijo: *"Dios bendice a los que procuran la paz, porque serán llamados hijos de Dios"* (Mateo 5:9). Otra traducción dice: *"Bienaventurados los pacificadores"*. Me gusta el término *fabricantes de paz*.

Llega un momento en el que deberías luchar por lo que crees. Llega un momento para pelear por tus derechos y a veces por tu propia vida.

Pero así como hay un tiempo para la guerra, hay también un tiempo para la paz (ver Eclesiastés 3:8).

Algunos somos luchadores natos. Esto no es siempre algo malo, pero puede ser insano. Lo admitiré; yo soy una de esas personas. Si realmente creo que tengo razón en algo, lucharé hasta el infinito. Intenta robarme el barco, y me hundiré con él antes de que me lo quites.

Pregúntate lo siguiente: cuando te encuentras en medio de una situación irascible, ¿cómo cambia las cosas tu presencia? ¿Añades gasolina a las llamas, o apagas el fuego?

Estoy seguro de que conoces a alguien que tiene un talento para agitar las cosas. Si mete su cabeza en una conversación que estás teniendo con un amigo, rápidamente meterá sus monedas, subirá el volumen a tope y elevará la conversación a un acalorado nivel de locura. Parece que adondequiera que va, aparecen los problemas.

Por el contrario, una persona que fabrica paz apaciguará las situaciones. No avivará las llamas, sino que apagará el fuego. Piensa en Abigail. Piensa en Jesús.

Recuerda que la paz no es la ausencia de problemas. Paz no significa que le caerás bien a todos, o que nunca experimentarás resistencia. Paz es estar en medio de una tormenta cuando hay rayos cayendo a pocos centímetros de ti, truenos en tus oídos, tus ojos borrosos por la lluvia incesante, cuando apenas puedes estar erguido, pero decides quedarte ahí y no tener miedo. Decides confiar en Dios. Decides estar en paz en medio de una tormenta.

No dejes que la riña te infecte. Sé un fabricante de paz. La paz interior afecta la atmósfera exterior. Así que mantén tu paz cuando tu cónyuge intente suscitar una pelea.

> **No dejes que la riña te infecte. Sé un fabricante de paz.**

Mantén tu paz cuando tu hijo adolescente te diga algo malo. Mantén tu paz cuando alguien diga un chisme acerca de ti a tus espaldas. Mantén tu paz cuando alguien en la iglesia difunda mentiras acerca de ti.

Ten paz cuando otros no la tengan

Finalmente estoy en paz con el hecho de que no todo el mundo está en paz conmigo. No es que yo esté enojado con personas o que les haya ofendido intencionalmente. Es solo que no le caigo bien a todo el mundo o no todos están de acuerdo conmigo. Eso no me importa. Me esfuerzo por estar en paz con todos, pero el sentimiento no siempre es recíproco. No todos van a querer estar en paz contigo.

Pablo escribió: *"Si es posible, en cuanto dependa de vosotros, estad en paz con todos los hombres"* (Romanos 12:18 RVR 60).

A veces, sencillamente no es posible. Hay momentos en que nuestras iniciativas como fabricantes de paz no siempre tienen éxito. Puedes acercarte y disculparte con ese primo que te ha guardado rencor durante años, pero puede que él no quiera soltarlo. Puedes hablar palabras pacíficas a tu cónyuge, pero quizá él o ella rehúse devolverte el favor y sigue manteniendo una guerra con palabras de división. Puedes intentar estar en paz con tu compañero de trabajo, pero quizá él rehúse escucharte y decida en cambio seguir criticándote. Ten paz con el hecho de que no todos van a querer estar en paz contigo.

Cuando Jesús envió a sus discípulos a predicar y sanar a las personas, les dio una instrucción muy interesante. *"Cuando entren en la casa de alguien, primero digan: 'La paz de Dios sea sobre esta casa'. Si los que viven en la casa son gente de paz, la bendición permanecerá; si no lo son, la bendición regresará a ustedes"* (Lucas 10:5-6). Jesús le estaba diciendo a su equipo que los que recibieran la paz que ellos ofrecían experimentarían paz en sus hogares. Si rehusaban, la paz ofrecida volvería a ellos como una doble porción. Ser un fabricante de paz es algo en donde todos ganan.

Perseguir la paz

Si quieres tener paz, tienes que perseguirla. Busca la paz. Sé intencional al respecto. Aquí tienes unos cuantos pasos prácticos para ayudarte durante el camino.

Primero, doma tu lengua. *"La respuesta apacible desvía el enojo, pero las palabras ásperas encienden los ánimos"* (Proverbios 15:1). Si no tienes nada bueno que decir, no digas nada.

Segundo, no te metas en el conflicto. Cuando surja una contienda familiar o un desacuerdo en el trabajo, no te pongas de parte de algún bando.

No añadas al conflicto. En su lugar, ora por la situación y declara la victoria sobre ella.

Tercero, vigila con quién andas. Cuando la mayoría de tus amistades están disgustadas, son negativas o críticas, es muy probable que tú termines siendo como ellos.

> **Si quieres tener paz, tienes que perseguirla.**

Cuarto, detente. Isaías 26:3 dice: "*¡Tú guardarás en perfecta paz a todos los que confían en ti; a todos los que concentran en ti sus pensamientos!*". En otras palabras, acude a Dios con la situación y detente.

Permite que la paz de Cristo gobierne en tu corazón. Fuiste creado para ser un fabricante de paz (ver Colosenses 3:15).

LA **GRAN** IDEA

Permite que el Espíritu Santo guarde tus momentos imprudentes, y aprende a ser un pacificador.

CAPÍTULO OCHO

Y FUIMOS UNO

El matrimonio fue idea de Dios.

Puedes encontrarlo al principio y al final de los diseños de Dios para la humanidad. El primer libro de la Biblia comienza con una boda en el huerto de Edén: la de Adán y Eva. El libro de Apocalipsis tiene otra boda cerca de su fin: la cena matrimonial del Cordero.

Mejores son dos que uno.

Los matrimonios sanos siguen siendo el modo en que Dios edifica su iglesia y ejerce su influencia sobre un mundo perdido y moribundo. Has de saber que Dios tiene un propósito para tu matrimonio, y Él está interesado en verlo tener éxito.

Al otro lado hay un ataque a la familia y al matrimonio que no puede negarse. Nuestro enemigo tiene unos planes muy determinados, y destruir tu matrimonio está en una posición muy alta en su lista de cosas que hacer.

Hay demasiados creyentes que están perdiendo esta batalla, no porque no pueda ganarse, sino porque no pueden ver el camino hacia la victoria.

La buena noticia es que por cada asesino de matrimonios y por cada montaña que el enemigo levanta para desalentarte, un Salvador está listo para protegerte.

Si estás lidiando para reavivar una conexión con tu cónyuge o intentas aferrarte a lo que queda de tu matrimonio, toma aliento. Dios puede quitar toda montaña y desviar toda flecha del enemigo. Recuerda: a veces mientras mayor es la batalla, mayor es también la victoria.

En el primer periodo de nuestro matrimonio, Cherise y yo descubrimos cuán distintos éramos. Un día, las cosas se pusieron tan mal que mi esposa le dijo a su madre que quería regresar a su casa.

> **Mientras mayor es la batalla, mayor es también la victoria.**

¡Gracias a Dios por una suegra piadosa! Ella le dijo a Cherise: "¡De ninguna manera!". Nos exhortó a los dos diciendo que necesitábamos permanecer y solucionar nuestras diferencias; y nos dijo que estábamos siendo egoístas. Ella tenía razón, y con el tiempo Cherise y yo solucionamos esas cosas.

Divorcio: no es una opción

A lo largo de los años he aprendido que el valor fundamental número uno que Cherise y yo compartimos es que el divorcio nunca será una opción. Esa realidad lo cambia todo, especialmente el modo en que ponemos fin a una discusión.

Dios no podría ser más claro en la Biblia sobre el compromiso del matrimonio: Él aborrece el divorcio (ver Malaquías 2:16). Es así de sencillo.

En Mateo 1:6 Dios escribió el nombre de Urías en la genealogía de Jesús al referirse a Betsabé como la madre de Salomón, que también había sido la esposa de Urías. Cuando se escribió este texto, Urías llevaba muerto mucho tiempo, y también David, quien después se convirtió legalmente en el esposo de Betsabé. Además de todo eso, cuando el profeta Natán reprendió a David por su pecado después de que Urías fuese muerto, también se refirió a Betsabé como la esposa de Urías, aunque para entonces Betsabé y David estaban casados.

Esto me hace preguntarme si es posible estar en un matrimonio que es reconocido en la tierra, pero no en el cielo. La pregunta puede que ofenda a algunos. No es mi intención condenarte si estás divorciado. Dios te ama y te perdona. Simplemente quiero desafiar a quienes están casados o van a casarse, a entender cuán importante es un compromiso matrimonial.

El matrimonio no es una carrera de prueba. Dios no diseñó este pacto para que juegues a papá y mamá y esperes lo mejor. Jesús nos dice que aparte del adulterio, el abuso físico o el abandono, somos llamados a resistir y seguir adelante... en lo bueno y en lo malo.

Cherise y yo tenemos un matrimonio verdadero, y llevamos vidas verdaderas como la tuya. Hemos tenido algunas discusiones prolongadas y verdaderamente de derribo, al igual que tú las has tenido. Eso se llama ser un humano con una mente propia. Pero nosotros decidimos en nuestro corazón hace mucho tiempo que esos momentos de desacuerdo, dolor o enojo, no nos definirían, ni tampoco pondrían fin a nuestro matrimonio. Íbamos a seguir adelante en la dicha y en la adversidad.

> **El matrimonio no es una carrera de prueba.**

Una cueva de las parejas

Un pasaje notable de la Escritura menciona una cueva que Abraham compró.

Entonces Abraham se inclinó hasta el suelo ante los hititas y dijo:— Ya que ustedes están dispuestos a brindarme esa ayuda, sean tan amables de pedir a Efrón, hijo de Zohar, que me permita comprar su cueva en Macpela, que está al final de su campo. Yo pagaré el precio

*total en presencia de testigos, a fin de tener un lugar permanente
donde enterrar a mi familia.*

Génesis 23:7-9

La Biblia nos dice que después de que Abraham compró esa cueva, enterró a su esposa en ella cuando murió. La Escritura también menciona que además de Sara, también Abraham, Isaac, Rebeca e incluso Jacob fueron todos ellos enterrados en aquella misma cueva.

Macpela, el nombre de esta cueva, significa "doble". La cueva de doble, o la cueva de las parejas.

¿Cómo mantenemos unidos nuestros matrimonios y recorremos todo el camino hasta la cueva de las parejas?

Adán y Eva son la primera pareja de la que podemos leer en la Biblia. Dios hizo de ellos el ejemplo para todas las demás parejas que deciden seguirlo a Él. Cuando Él hubo creado al hombre a su imagen, declaró: *"No es bueno que el hombre esté solo. Haré una ayuda ideal para él"* (Génesis 2:18). La versión Reina-Valera 1960 utiliza el término *ayuda idónea*.

Cuando Dios llevó a Eva ante Adán, Adán dijo: *"¡Al fin! ¡Esta es hueso de mis huesos y carne de mi carne!"* (versículo 23). Es importante notar que Dios no le dio a otro hombre, ni tampoco le dio a tres mujeres. Él creó la primera pareja varón y hembra.

Dios describió a Eva como "ayuda ideal". Me gusta pensar de una ayuda ideal como alguien que edifica con ayuda divina. Esta fue la razón por la cual Dios creó a Eva: ella era la ayuda espiritual de Dios para Adán en un paquete divino.

Dios miró al hombre y anunció que la necesidad número uno del hombre no es la necesidad de procrear. Su necesidad número uno es ayuda divina. Si él va a cumplir el llamado, el propósito y el plan de Dios para su vida, va a necesitar ayuda divina.

Tu ayuda divina

Las mujeres son multiplicadoras e incubadoras. Aumentan cualquier cosa que se les dé. Si un hombre le da una simiente a una mujer, ella la incubará, la multiplicará, la aumentará, y nueve meses después le dará un bebé. Si él le da a una mujer su casa de soltero después de casarse con ella, ella la incubará, la multiplicará y la aumentará. Él obtiene muebles, obtiene cortinas, obtiene algo más que solo una casa; él obtiene un hogar.

Voy a hablar específicamente a los hombres en el capítulo siguiente, pero por ahora quiero que ustedes los hombres sepan esto: van a ganar o a perder sus batallas dependiendo de si tienen ayuda divina en su esquina. Necesitan ayuda divina que ore por ustedes cuando se van al trabajo. Necesitan ayuda divina que les acompañe en educar a sus hijos. Necesitan ayuda divina para construir esa carrera profesional y ese negocio.

Si eres un hombre casado y no tienes a tu esposa en tu esquina, la ayuda divina que necesitas no estará ahí. Imagina una ocasión en que puedes celebrar algo que hayas hecho y que se haya convertido en un éxito. Si comienzas ignorando o subestimando a tu esposa, o actuando como si lo hubieras logrado todo por ti solo, necesitas detenerte y recordar que ella es tu ayuda divina enviada por Dios.

Hombres, atesoren a sus esposas. Tienen que apreciarlas. Amarlas. Sin importar cómo esté tu relación en este momento, tu esposa será tu ayuda divina. El modo en que la trates determinará cómo escucha Dios tus oraciones.

Hombres, atesoren a sus esposas. Tienen que apreciarlas. Amarlas. El modo en que la trates determinará cómo escucha Dios tus oraciones.

Cualquier poco éxito que yo haya tenido, la influencia que ha tenido mi esposa en él ha sido profunda, y algunos no lo entienden. Lo cierto es que sin la ayuda divina de mi esposa, nuestro ministerio no estaría aquí. Y sin duda, yo no estaría escribiendo este libro.

No quiero una cueva de un hombre. Quiero una cueva de pareja. Quiero seguir viviendo la vida con Cherise. Tener amigos y pasatiempos es importante, pero es mucho más importante llegar hasta la cueva de las parejas.

Esposas, quiero decir que ustedes son importantes. Hablaré más a las mujeres en el capítulo siguiente. Por ahora, quiero decirles esto: ustedes importan. Tu esposo necesita ayuda divina en un paquete humano, y tú eres ese paquete. Puedes marcar una diferencia en si tu esposo gana o pierde en la vida porque tú eres la ayuda divina.

Salmos 127:1 dice: *"Si el Señor no construye la casa, el trabajo de los constructores es una pérdida de tiempo".* Cuando el Señor construye la casa de un matrimonio, entonces el matrimonio está construido para perdurar. Cada cónyuge se esfuerza en conjunto, oran juntos, sueñan juntos, siguen la voluntad del Señor juntos, crían a los hijos juntos, y viven la vida juntos. Esta es la altura suprema que se puede alcanzar en un matrimonio.

Cómo sobrevivir a tus periodos más difíciles

Si quieres tener éxito en tu matrimonio, tienes que aprender algunos secretos para sobrevivir a tus periodos más difíciles. ¿Qué haces cuando tu plan de ahorro para la jubilación ha caído como si fuera un huevo desde una gallina muy alta? ¿Qué haces cuando te han despedido del trabajo y no tienes ningún ingreso? ¿Qué haces cuando tu cónyuge está afligido por la depresión o la enfermedad? ¿Qué haces cuando tu familia está bajo asedio? ¿Cómo amas a tu cónyuge como si él o ella nunca te hubiera herido?

Me encanta estudiar a David en la Biblia porque él fue una persona multidimensional. No siempre estaba feliz. Experimentó un amplio rango de emociones y se enfrentó a muchos altibajos. En un momento estaba en la cima del mundo, y en el siguiente sentía como si el mundo se le cayera encima.

Puedes llegar a una etapa del matrimonio en la cual todo va tan bien, que hace que te parezcan nada todos los pequeños problemas que tienes. Sin embargo, he descubierto que son los periodos difíciles los que definen lo que es "difícil". Durante este tiempo, tu perspectiva cambia. Una vez vi a un pastor ilustrar este punto agachándose hasta el piso y postrándose. Cuando estás en ese punto tan bajo, todo parece diferente, desordenado incluso, y más grande que cuando estás erguido de pie.

Si te estás enfrentando a una batalla en tu matrimonio, ya sea que tu cónyuge y tú no pueden ponerse de acuerdo con respecto a un asunto importante, o estés tratando con un hijo descarriado, o batalles con la enfermedad, la adicción o problemas económicos, tengo buenas noticias. La justicia de Dios y su misericordia son tales, que Él pone un fin a la oscuridad (ver Job 28:3).

Estás atravesando un periodo. No te han dado una sentencia.

Me gustaría ofrecer cuatro claves para ayudarte a amar a tu cónyuge durante esos tiempos difíciles.

1. Pasen juntos por el valle de los problemas.

Este es el trato: en el matrimonio, vas a estar furioso y estarán enojados el uno con el otro. Vas a ofender y a ser ofendido. Vas a oír palabras duras y vas a pronunciarlas. Vas a poner nerviosa a tu cónyuge, y tu cónyuge te hará lo mismo a ti.

Cuando pasamos por el valle de los problemas, no agarramos nuestro cepillo de dientes, nos dirigimos a la puerta y decimos que ha terminado. Nos acercamos, nos agarramos las manos y seguimos buscando a Dios.

Incluso en los periodos más difíciles del matrimonio, Dios siempre abrirá una puerta de esperanza. No me importa lo mal que se pongan las cosas. No me importa lo oscuro que se vuelva todo. No me

> **Hay una puerta de esperanza en cada valle de problemas matrimoniales.**

importa con cuántos demonios estés luchando. No me importa cuánto pecado haya entrado en tu hogar. Hay una puerta de esperanza en cada valle de problemas matrimoniales.

Los estudios demuestran que, estadísticamente, las parejas más felices son las que llevan casadas treinta o treinta y cinco años. Por lo general, los primeros nueve a diecisiete años es lo que toma que las personas mueran al yo. Por eso el porcentaje más alto de divorcios se producen durante los primeros nueve años de matrimonio.

Tenemos que entender que algunos días son buenos y algunos días son difíciles. Debemos decidir permanecer juntos.

2. Profundicen.

Me encanta conocer a recién casados. No quiero perder ese mismo vínculo fresco y romántico con Cherise, pero los sentimientos no perduran. La única manera en que cualquiera de nosotros va a mantener la unidad en la vida y el uno con el otro es seguir profundizando cada vez más en Jesús. Aumenten su fe como pareja. Oren juntos. Lean la Biblia juntos. Adoren juntos.

Cuando la vida sucede, cuando llegan tormentas, cuando llegan ofensas, cuando los sentimientos son heridos, tenemos algo mayor que nos mantiene unidos. No permitimos que pruebas, asuntos y problemas nos detengan. Profundizamos más en Dios.

> **Decidan atravesar juntos su periodo difícil, todo el camino hasta la cueva de las parejas.**

Jesús es la respuesta. Cualquier cosa que esté inquietando tu matrimonio, Él puede manejarla.

Decidan atravesar juntos su periodo difícil, todo el camino hasta la cueva de las parejas. No se rindan. No tiren la toalla. Profundicen en Jesús, sin importar lo que traiga la vida.

3. Crean en su destino como pareja.

En cuanto David fue ungido rey de Israel por Samuel, comenzó a enfrentar batallas. Sus hermanos lo rechazaron. Un león intentó matarlo, seguido por un oso. Entonces llegó Goliat. El rey Saúl se puso celoso e intentó asesinarlo. Cuando Saúl falló, su ejército persiguió a David durante años. Las batallas nunca cesaban.

Todos esos problemas le parecían a David desalentadores e injustos, pero obraba una verdad espiritual que él sencillamente no podía ver. David no estaba sufriendo una serie de injusticias y eventos desafortunados. Más bien, Dios estaba preparando a David para ser rey. David se estaba entrenando para reinar.

El mismo principio se aplica a tu vida. No has pasado por lo que has pasado debido a una serie de desafortunadas coincidencias... nunca. Dios te ha estado preparando para tu tarea. Dios te está llevando más alto.

Cada matrimonio atraviesa la etapa del deleite, y todo matrimonio pasa por la etapa de la desilusión. Pero si se mantienen unidos, si siguen amándose el uno al otro, si siguen adelante con perdón, humildad y honestidad, pasarán de la fase de deleite y por la fase de la desilusión hasta la última fase de destino de un matrimonio.

Si yo me hubiera casado con cualquier otra mujer en el mundo, me habría perdido el destino que Dios tenía para Cherise y para mí. Ella tenía que ser mi esposa. Dios le puso a ella conmigo y a mí con ella.

> **Dios honra el compromiso. Cada vez que haces una promesa, debes honrar esa promesa.**

Creo que el matrimonio es algo más que solo dos personas que se enamoran. Cuando Dios está verdaderamente en el centro de un matrimonio, hay destino unido a él. Mis hijos tienen un destino. Mi familia tiene un destino. Nuestra iglesia nos estaba esperando a Cherise y a mí, y ese era nuestro destino.

Dios honra el compromiso. Cada vez que haces una promesa, debes honrar esa promesa. Eso importa. Incluso si las circunstancias no eran correctas cuando tu cónyuge y tú se unieron, aun así debes honrar tus votos matrimoniales.

El destino de tu matrimonio está en juego. El destino del futuro de tus hijos está en juego. El destino del propósito de Dios para tu vida está en juego.

4. No se den por vencidos.

No pierdas tu camino. No te quedes a un lado. Dios no te ha dejado sin preparación para tu etapa difícil.

Si estás atravesando un tiempo desafiante, si te estás preguntando si alguna vez volverás a amar del mismo modo a tu cónyuge, aguanta. Si no te rindes y si trabajas en tu matrimonio, Dios intervendrá y abrirá un camino, incluso cuando no parezca haber ninguno.

Tú y yo tenemos refrigeradores en nuestros hogares. Metemos cosas dentro que queremos comernos más tarde. No guardamos alimentos porque no sean valiosos o porque no los queramos; simplemente los queremos en otro momento.

Lo mismo es cierto en nuestro caminar con Dios. Si estás atravesando un tiempo de profunda congelación, y tienes la sensación de que Dios se ha olvidado de ti, no es que Dios no te ame. Él tan solo está diciendo: *Más adelante, ahora no. Vas a pasar a otro periodo, y te estoy preparando para eso. Vas a llegar a niveles a los que nunca antes has llegado y vas a hacer cosas que nunca antes has hecho. ¡Vas a conocer el gozo como nunca antes lo has conocido! ¡Vas a soñar sueños que nunca antes has soñado! Pero es más adelante, ahora no.*

No le des la espalda a tu cónyuge. No le des la espalda a tu matrimonio. ¡Dios tiene grandes planes para ti y para la persona con la que te casaste!

LA **GRAN** IDEA

Hay una puerta de esperanza en cada valle de problemas matrimoniales.

CAPÍTULO NUEVE

LUCHA POR TU MATRIMONIO

El adulterio es más una realidad en nuestro mundo actual de lo que ha sido nunca. Generalmente aceptado en el mundo, inunda nuestro subconsciente mediante la televisión y las redes sociales. Puede que se considere normal, pero está lejos de ser inofensivo.

Recientemente encontré un libro titulado *Sexual Detours* (Desvíos Sexuales), de la Dra. Holly Hein. En él, ella da algunas estadísticas asombrosas: el setenta por ciento de los hombres engañarán a sus esposas. El sesenta por ciento de las mujeres engañarán a sus esposos.[1]

Bajo el pacto matrimonial, dos son uno. No se puede violar el pacto mediante el adulterio sin devastar a ambas partes hasta cierto grado. Aunque sin duda la infidelidad puede perdonarse, las cicatrices son permanentes. Nunca he aconsejado a un individuo en una crisis de adulterio que no lamentara profundamente su decisión de ser infiel.

Si alguna vez te han engañado, conoces el dolor de la infidelidad. Hace daño. Nos destroza. Rompe relaciones. Degrada a las personas. Destruye familias. El matrimonio se trata de dar; el adulterio se trata de tomar. Por eso la Biblia es clara en que el adulterio es un pecado.

Si el adulterio ha infectado tu matrimonio, puede que te preguntes cómo vas a poder amar igual a tu cónyuge. O de nuevo.

Aunque uno de los términos bíblicos para el divorcio es el adulterio, eso no significa que el divorcio sea siempre la respuesta correcta. En el capítulo 4 hablé de nuestra necesidad de perdonar y establecer límites saludables. En el contexto de la infidelidad, aunque debemos perdonar a nuestro cónyuge por esa traición, podemos decidir permanecer casados bajo esas circunstancias, o no. En cualquiera de los casos, debemos perdonar la infidelidad.

> **Aunque la infidelidad puede perdonarse, las cicatrices son permanentes.**

Cuando tu cónyuge te engaña, entras en una crisis de identidad. Te preguntas si alguna vez podrás volver a confiar en esa persona. Te preguntas si el matrimonio podrá sobrevivir. Desde luego que la solución más fácil es el divorcio; lo más difícil es permanecer y convertir la crisis en una oportunidad. ¿Una oportunidad? Sí, eso es. Toda aventura amorosa tiene una oportunidad de redefinir una relación. Aunque una aventura producirá dolor y traición, por otro lado también puede producir espacio para el crecimiento, la reflexión y la reevaluación de la relación.

Mira, cuando suceden ciertas cosas en un matrimonio, el matrimonio no volverá a ser igual. Si has sido herido por la traición del peor tipo, la relación puede que termine. Al menos del modo en que era.

¿Estás dispuesto a considerar un segundo matrimonio con la misma persona?

Cómo poner tu matrimonio a prueba de aventuras

El sexo es muy poderoso, y a menos que se mantenga dentro de los límites del matrimonio, puede explotar con un poder destructivo suficiente para destrozar familias.

Antes mencioné que el 70 por ciento de los hombres engañarán a sus esposas, y el 60 por ciento de las mujeres engañarán a sus esposos. Si tienes la bendición de no estar en ninguno de esos dos porcentajes, me gustaría darte cinco maneras de poner tu matrimonio a prueba de aventuras.

1. Sácalo de tu cabeza.

El adulterio comienza sobre el escenario de la imaginación. Antes de que el enemigo te lleve a la cama, tiene que meter eso en tu cabeza. La tentación de engañar comienza con un pensamiento.

De eso hablaba Jesús cuando mencionaba el problema de una persona que desea mediante sus ojos. Jesús dijo que no podemos controlar nuestros ojos que se desvían. "Sácatelo" fue su sugerencia (ver Mateo 5:29). De ninguna manera estaba dando un mandamiento literal. Jesús estaba diciendo que el problema no está en el ojo, sino en el corazón.

Sacarte el ojo significa cancelar tu suscripción a la revista *Playboy*, eliminar ciertos canales en tu televisor y no hacer clic en ciertos sitios web. Sacar cosas que puedan hacer que tropieces y salgas de tu matrimonio. El enemigo se está colando en los hogares mediante la puerta de los ojos y mediante la tecnología. Creo que esa es la amenaza número uno para la mayoría de los matrimonios en la actualidad.

> **El enemigo se está colando en los hogares mediante la puerta de los ojos y mediante la tecnología. Creo que esa es la amenaza número uno para la mayoría de los matrimonios en la actualidad.**

El adulterio siempre comienza con pensamientos que pueden conducir a acciones que destruyen tu vida. Cuida tus palabras porque se convierten en pensamientos. Cuida tus pensamientos porque se convierten en acciones. Cuida tus acciones porque se convierten en hábitos. Cuida tus hábitos porque se convierten en carácter. Cuida tu carácter porque controla tu destino.

2. Respétense mutuamente.

Muestra más interés en aceptar responsabilidad y arreglar cualquier problema que tengas, que en evitar la culpa. ¿Quieres reconciliarte, o quieres tener la razón?

3. Acepten responsabilidad.

Filipenses 2:4 nos dice: *"No se ocupen solo de sus propios intereses, sino también procuren interesarse en los demás"*. Los problemas importantes en el matrimonio provienen de una mala palabra: egoísmo.

Yo no sentía que el egoísmo fuera un problema cuando estaba soltero. He aprendido con los años que, igual que todos los grandes retos en la vida, el matrimonio no te hace ser quien eres; revela quién eres. Es lo que hacemos con lo que aprendemos sobre nosotros mismos lo que nos hace ser más tiernos o más duros de corazón.

El egoísmo radica en el núcleo de todo problema matrimonial. Me gustaría poder decirte veinte maneras de evitar ser egoísta, pero es un asunto del corazón. Está profundamente engranado en nuestros hábitos y nuestras rutinas.

Es aquí donde entra tu relación con el Señor. Cuando te acercas a Dios, eso produce un espejo que revela cómo te ves realmente para los demás... y para Dios, porque Él siempre ve lo que es verdadero. Toma tiempo para orar y leer tu Biblia. Plántate en la casa de Dios, y pronto serán revelados los bordes ásperos a medida que Dios hace una obra de transformación en tu vida. La meta es siempre verte menos como tú, y más como Jesús.

4. Reaviven el romance.

Si estuvieran presentes en los matrimonios más formalidad e incluso un "cortejo" a la antigua usanza, menos cónyuges terminarían ante los tribunales. ¿Recuerdas cuán amables y tiernos eran el uno con el otro cuando eran novios? En aquel entonces era divertido. Deseaban con emoción que llegara cada cita. Si no tenemos cuidado, la diversión se aleja de nuestro matrimonio. Necesitamos volver a cultivar el romance. Comiencen una cita nocturna semanal. Vayan a algún lugar el fin de semana. Encuentren la manera de reconectar con la persona que aman.

5. *Tengan una mente decidida.*

Los tiempos de prueba no son los tiempos para dejar de intentarlo. Cuando llegan tiempos difíciles y te sientes tentado a coquetear con ese compañero de trabajo, recuerda las palabras que pronunciaste delante de Dios: "En lo bueno y en lo malo, en la riqueza y en la pobreza, en la salud y en la enfermedad, para amarnos y honrarnos".

El matrimonio tiene que soportar tormentas, y eso requerirá una gran resolución. El enemigo hará todo lo que pueda para destruir tu matrimonio, tu familia y tu pureza. No es solo una batalla por ti y por tu esposa; se trata de tus hijos y de los hijos de tus hijos.

Se atribuye a Leonardo da Vinci haber dicho algo que me encanta recordar: "Un arco consiste en dos debilidades que, al apoyarse una contra la otra, forman una fortaleza". Eso es el matrimonio. El punto de comienzo de un matrimonio poderoso es cuando reconoces: "Dios, te necesito. Dios, sin ti soy egoísta. No haré lo que debería hacer ni seré lo que debería ser".

> **Los tiempos de prueba no son los tiempos para dejar de intentarlo.**

Yo decidí en mi mente hace muchos años atrás que mi familia nunca tendría que caminar por esta ciudad y oír las risitas de las personas porque su papá no pudo mantener abrochada la cremallera de sus pantalones, o porque no pudo vivir una vida que diera honor y gloria a Jesucristo.

Un matrimonio comprometido y duradero demanda una mente decidida. Debes ser deliberado. Debes decidir no cometer adulterio.

Cuando se trata de nuestro matrimonio, debemos estar en guardia. Debemos proteger proactivamente el regalo que Dios nos ha dado. A fin de hacer eso, debemos respetarnos mutuamente, ser responsables de nuestros actos, cortejar a nuestra pareja, y decidir permanecer en medio de las tormentas que la vida lance a nuestro camino.

Para ustedes, hombres

Quiero hablar a los hombres que están leyendo estas palabras. Mujeres, ustedes también pueden leer, desde luego, pero esta sección está pensada específicamente para despertar y alentar a los hombres.

Los hombres son llamados a ser los líderes en el hogar, y este no es un orden chauvinista; es un orden piadoso. Muchas mujeres, quizá algunas de las que leen esto, son madres solteras, y les aplaudo por criar ustedes solas a sus hijos. Puede que no tengan un esposo que tome la responsabilidad del estado espiritual de su familia, y ustedes han aceptado la tarea. Gracias por eso. Pero es tiempo de que los hombres comiencen a levantarse y a rendir cuentas de lo que sucede bajo sus tejados.

Hombres, probablemente sean muy conscientes de que el matrimonio en el siglo XXI no es un asunto fácil. Puede que estén asimilando lo que he escrito y se sientan desalentados, o quizá sientan el peso del mundo sobre sus hombros. O puede que tu esposa y tú hayan tenido demasiadas peleas este año pasado. Tal vez su relación esté congelada, o puede que ni siquiera conozcas ya a la mujer con la que te casaste hace cinco o quince años atrás.

Quiero alentarte a ser fuerte y valiente.

Tal vez tengas la sensación de estar sin fuerzas, pero defiende tu matrimonio. Levántate en medio de la basura que estés enfrentando y decide liderar bien a tu esposa.

Uno de mis versículos favoritos es Joel 3:9 (RVR 60): *"Proclamad guerra, despertad a los valientes, acérquense, vengan todos los hombres de guerra"*. ¿Te consideras un valiente que está liderando el ataque espiritual en tu hogar?

Tristemente, las probabilidades no favorecen hogares liderados por hombres valientes. Según un estudio del Pew Research Center, más mujeres que hombres dicen que la religión es muy importante para ellas (60 por ciento contra 47 por ciento). Más mujeres que hombres oran diariamente (64 por ciento contra 47 por ciento). Más mujeres asisten a servicios religiosos al menos una vez por semana (40 por ciento contra 32 por ciento).[2] No hay que leer un estudio para ver evidencia de todo eso, sin embargo. Tan solo visita una iglesia local y verás que las mujeres sobrepasan en número a los hombres.

Existe una desconexión entre los hombres y la iglesia. No voy a condenar a los hombres por no asistir a la iglesia o aflojar sus responsabilidades espirituales en la familia. Más bien quiero alentarles a agarrar el manto y salir corriendo. Para decir las cosas sencillamente, a continuación hay cuatro principios para ayudarte a llegar a ser un hombre valiente en tu hogar.

+ *Haz de hombre*. Lidera, no sigas. Dios te ha puesto a cargo de tu familia. Esa es tu tarea, así que lidera bien a tu familia. Honra a tu esposa. Establece un ejemplo para tus hijos.

Cuida lo que está sucediendo bajo tu techo, en los dormitorios, en la televisión, en la computadora, en los teléfonos, en

Haz de hombre. Lidera, no sigas.

las tabletas y los aparatos. Controla tu enojo. No tienes derecho a ser desagradable con nadie que viva bajo tu tejado (ni en ningún otro lugar). Mantén bajo control tus deseos y tus impulsos. Ejercita la autodisciplina. No hagas tan solo lo que quieras hacer y cuando quieras. Vive según un conjunto de estándares espirituales y personales.

Comunícate con tu esposa y con tus hijos utilizando más que frases de una sola palabra. Tu esposa o tus hijos puede que hablen mucho. Lo entiendo, pues yo tengo cuatro hijas, pero eso no te da derecho a dar tus respuestas gruñendo o a retirarte a la cueva de un hombre, en lugar de tener una conversación con ellos. Deja de gruñir y comienza a charlar.

✦ *Sé el vigía.* Presta atención a tu familia. No debería haber tal cosa como privacidad. Mira quién está haciendo qué en las redes sociales o en la Internet. Deja tu teléfono. Levántate del sofá. Sal de tu oficina. Conviértete en el vigía de tu familia.

✦ *Permanece firme en la fe.* En 1 Corintios 16:13, Pablo dice: *"Estén alerta. Permanezcan firmes en la fe. Sean valientes. Sean fuertes".* Aférrate a lo que crees sobre Dios y la Biblia. No comiences a cambiar tu teología porque has bajado los estándares y has perdido tus convicciones. Asiste a la iglesia con tu familia. Dirígelos en oración.

✦ *Finalmente, que todo lo que hagas sea hecho con amor.* "Y hagan todo con amor" (1 Corintios 16:14). Lo único que producirá rectitud en tu hogar es amar sin cesar.

Perdona otra vez. Vuelve a decir lo siento. Declara palabras de aliento y bendición sobre tu esposa, incluso si no tienes ganas de hacerlo.

Ser esposo y padre puede ponerse caótico. Yo tengo días en que soy mezquino y feo; tengo días en que las cosas me molestan mucho más fácilmente que otros días. Cuando estoy bajo presión, a veces la emprendo con quienes más amo. Aborrezco hacer eso, pero lo hago.

Recientemente tuve uno de esos momentos de debilidad. Podía sentir que se colaba la negatividad, pero entonces oí al Señor hablarme: *Te he llamado a hacer esto como padre. Tienes dos responsabilidades: número uno, asegurarte de que tu familia tiene una relación con Dios por medio de Jesucristo. Y número dos, derramar en ellos autoestima mediante la afirmación.* En otras palabras, amar sin cesar.

Hombres, oren para que Dios les ayude a liderar bien.

El matrimonio hoy día requiere un compromiso extraordinario, pero eso no se produce sin ayuda de un Dios que está por ti, y que está contigo, y que proveerá lo que necesitas, exactamente cuando lo necesites, si simplemente clamas a su nombre. Él es tu pronto auxilio en los tiempos de problemas. Él es tu torre fuerte, y Él está a tu lado. Sé el hombre... y confía el resto a Jesús.

Para ustedes, mujeres

Es su turno, mujeres.

Si quieren mantener unido su matrimonio y criar hijos piadosos, necesitan la ayuda de Dios. ¡Todos la necesitamos!

Su hogar es un salón de clase, y ustedes son la maestra. La pregunta es: ¿pasará de grado tu matrimonio o tu familia? Si no estás segura, hoy mismo necesitas entregarle a Dios tu relación y a ti misma. No puedes construir exitosamente un matrimonio sin el poder del Dios vivo fluyendo por medio de ti. Necesitas una clara misión de victoria para tu matrimonio. Debes tener un fundamento firme, ¡y ese fundamento es Jesucristo!

Proverbios 31 pinta el retrato de una esposa y madre piadosa. Leemos: *"¿Quién podrá encontrar una esposa virtuosa y capaz? Es más preciosa que los rubíes"* (Proverbios 31:10). ¡Tu virtud es lo que te hace ser preciosa, mujer!

Me resulta interesante que antes de que los nombres que se ponen a huracanes y tormentas tropicales rotaran entre masculinos y femeninos, solo se ponían nombres femeninos a las tormentas. Hay una lección que vale la pena notar.

Dios quiere que toda mujer entienda la poderosa capacidad que Él ha puesto en su interior. ¡En tu interior! Las mujeres tienen la capacidad de llevar reposo a sus hogares. Tú puedes llevar caos o puedes llevar paz. Puedes llevar agitación o puedes llevar calma. ¿Has oído alguna vez la frase: "Si mamá no está contenta, no hay nadie contento"? ¡Eso es cierto! El libro de Proverbios revela este poder: *"La mujer sabia edifica su hogar, pero la necia con sus propias manos lo destruye"* (Proverbios 14:1).

Cuando amas como si nunca te hubieran herido, creas una atmósfera vivificante en tu hogar. Sé que esto puede parecer difícil de hacer cuando tu esposo trabaja demasiado o no trabaja nada. O cuando estás en un periodo de cambiar pañales y dormir muy poco. O cuando tienes la sensación de que tu esposo y tú han perdido ese sentimiento de amor.

Aquí están tres claves para ayudarte en este proceso:

✦ Recuerda que eres la entrada a la vida espiritual en tu matrimonio. Lee los siguientes versículos para que puedas entender lo que estoy diciendo:

> *Es mejor vivir solo en un rincón de la azotea que en una casa preciosa con una esposa que busca pleitos.*
>
> Proverbios 21:9

> *Gotera constante en un día lluvioso es la mujer que siempre pelea. Quien la domine podrá dominar el viento y retener aceite en la mano.*
>
> Proverbios 27:15-16 (NVI)

Ya basta de derribar a tu esposo. Deja de quejarte. Abandona la charla negativa. Te corresponde a ti edificar tu hogar. Tú puedes dar entrada a la paz o puedes dar entrada a la tormenta. Decide ser la pacificadora.

✦ *Vigila lo que dices.* En tu lengua está *"la ley de clemencia"* (ver Proverbios 31:26 RVR 60). En otras palabras, no seas una mujer peleadora y malhablada. Usa tus palabras para producir felicidad y levantar el ánimo a tu esposo. Recuerda: una palabra amable llegará más lejos cada vez que una palabra dicha con prisa o enojo.

✦ *Edifica a tu esposo.* Proverbios 14:1 dice: *"La mujer sabia edifica su hogar, pero la necia con sus propias manos lo destruye".*

Eres necia si no edificas a tu esposo. ¿Cuándo fue la última vez que le diste las gracias por hacer algo? ¿Cuándo fue la última vez que le dijiste que era un hombre bueno? ¿Cuándo fue la última vez que no fuiste dura con él, en lugar de atosigarlo para que sacara la basura o apagara el juego?

Sé que tu esposo no es perfecto. Pero, mujeres, ¡no era perfecto cuando te casaste con él! En lugar de decirle a tu hombre todo lo equivocado en él, deja que Dios se lo muestre. Tu tarea es alentarlo. Sé agradecida por él. Muéstrale respeto. Cree en él.

> **Tú puedes dar entrada a la paz o puedes dar entrada a la tormenta. Decide ser la pacificadora.**

Lucha por lo que queda

Un pastor amigo mío habló en el funeral de un muchacho de diecisiete años que murió por causa de un conductor ebrio. La madre del chico estaba sentada en la primera fila cerca de sus otros dos hijos. Su dolor era indescriptible.

En esa situación desafiante para un pastor, mi amigo compartió de la Biblia la historia de una mujer llamada Rizpa. Rizpa tenía dos hijos. Durante un periodo de hambruna, sus dos hijos fueron entregados a los gabaonitas como castigo porque su padre quebrantó un pacto de paz. Los gabaonitas los mataron ahorcándolos.

Mientras sus cuerpos sin vida colgaban en el aire, Rizpa tomó un palo y espantó a los animales salvajes y a los buitres que intentaban picar los cuerpos en descomposición de sus hijos. Ella levantó una tienda y se quedó allí por tres meses, aunque sus hijos ya estaban muertos. Rizpa luchó por dar un entierro digno a sus hijos. Finalmente, cuando la noticia llegó hasta el rey, él bajó lo que quedaba de los jóvenes y enterró sus restos en un sepulcro reservado para la realeza.

Puede que el enemigo te haya devastado a ti o a tu matrimonio. Puede que tu cónyuge te haya engañado, o tal vez haya dicho o hecho algo doloroso o traumático.

Lucha por lo que queda.

Dios puede sanar tu matrimonio. Dios puede restaurar tu matrimonio. Dios puede renovar tu matrimonio.

Lucha por lo que queda.

Puede que el enemigo haya atacado tu matrimonio, pero los matrimonios perfectos no llegan hasta la cueva de las parejas. Los matrimonios que sí llegan han atravesado un infierno, pero mediante la gracia de Dios han declarado: "¡Lucharemos por lo que queda!".

> **Puede que el enemigo haya atacado tu matrimonio, pero los matrimonios perfectos no llegan hasta la cueva de las parejas.**

Dios puede darte la gracia para recuperarlo todo. Él puede restaurar lo que el enemigo intentó arrebatarte. Si entregas a Dios tu matrimonio, con todas las mentiras, la lujuria y el equipaje que conlleva, Él puede tocar tu relación con gracia y convertirlos a tu cónyuge y a ti en vencedores. Dios puede bendecir y ungir tu matrimonio. No tienes que tirar la toalla, y no tienes que rendirte.

Todos tenemos profundos defectos, todos creamos líos, y todos cometemos errores. Todos decimos cosas crueles y hacemos cosas estúpidas. Pero tenemos que declararnos a nosotros mismos y a nuestros cónyuges: "Tú y yo vamos a lograrlo. Vamos a terminar en la cueva de las parejas".

Lucha por lo que queda.

Cuando tengas duda, di lo siguiente

Las cuatro afirmaciones más difíciles de hacer en el matrimonio son estas:

1. Yo estaba equivocado.

2. Lo siento.

3. Perdóname.

4. Necesito ayuda.

¿Necesitas un consejo estupendo? Úsalas con frecuencia.

(Una de mis frases favoritas es: "No sé en qué estaba pensando". ¡Ten la libertad de tomarla!).

La mitad de las personas con las que me crié están divorciadas ahora, mientras que al escribir este libro, Cherise y yo celebramos nuestro trigésimo aniversario de boda. Tenemos una historia juntos, aunque sin duda hemos tenido periodos difíciles. Algunas personas se deslizan hacia la dicha matrimonial, pero nosotros hemos tenido que trabajar para llegar hasta ahí. Hemos tenido discusiones que duraron demasiado tiempo, y nos hemos quedado atascados en lugares en los que deberíamos haber avanzado. Pero al final, mi esposa y yo hemos decidido: "hasta que la muerte nos separe".

Estoy agradecido por tener una familia que está intacta. No es perfecta, pero está intacta. Eso significa que mis hijos pueden acudir a su padre y a su madre. No digo eso ásperamente a quienes se han divorciado. Si te has divorciado, Dios te ama. Mantente abierto. Él tiene un plan para ti. Pero estoy agradecido de que hayamos permanecido juntos porque nuestros hijos han sido testigos de un matrimonio que no era perfecto en absoluto, pero logró superar las luchas.

La tensión podría llenar tu matrimonio. Quizá recientemente uno de ustedes mencionó la palabra *divorcio*, o tal vez te acabas de enterar de que tu cónyuge hizo algo que te rompió el corazón. El matrimonio sigue siendo una buena idea. Tu matrimonio sigue siendo la parte más importante de tu vida. Aún vale la pena el tiempo necesario para tener un buen matrimonio.

Dios tiene un plan, y es mi oración que tu cónyuge y tú comiencen renovando su compromiso con Dios, y primero y principalmente, creciendo en su fe.

No hay planes de matrimonio diseñados para llevarte a la cueva de las parejas, que no impliquen que crezcas en tu fe y en tu relación con Jesucristo. Comienza desde ahí. Él te guiará en el resto y demostrará ser una torre fuerte en tiempos de problemas y un Padre fiel en todas las épocas de la vida.

LA **GRAN** IDEA

Puede que el enemigo haya atacado tu matrimonio, pero los matrimonios perfectos no llegan hasta la cueva de las parejas. Los matrimonios que sí llegan han atravesado un infierno, pero mediante la gracia de Dios han declarado: "¡Lucharemos por lo que queda!".

CAPÍTULO DIEZ

UN FUNDAMENTO QUE PERDURA

Probablemente estés familiarizado con la enemistad familiar más célebre en la historia americana: la existente entre las familias Hatfield y McCoy. Comenzando a finales del siglo XIX y continuando durante generaciones, estos dos clanes estaban en guerra el uno con el otro. Un total de dieciocho miembros de la familia murieron durante el conflicto, violento a veces.

Se dice que la mala sangre surgió en 1878 por un cerdo robado. El caso finalmente llegó hasta los tribunales, y los Hatfield ganaron. La leña de un romance entre miembros de ambas familias avivó el fuego del odio entre las dos familias apalaches. Los asesinatos inevitables ocurrieron por ambas partes, y tras su secuela, la enemistad se abrió camino hasta la Corte Suprema estadounidense en 1888.

Este conflicto familiar está tan engranado en la cultura pop que se cree que es la inspiración para el popular concurso televisivo *Family Feud* (Enemistad Familiar). Tres años después de que se emitiera el primer programa en 1976, las dos familias aparecieron en televisión jugando una contra otra.

Las familias anunciaron una tregua en 1891, pero no se dieron un apretón de manos hasta 1976. Finalmente, en el año 2003, en un evento público y televisado que emitió la CBS, las dos familias firmaron una tregua formal. Reo Hatfield explicó que "tras el 11 de septiembre él quería hacer una declaración de paz oficial entre las dos familias para demostrar que si la enemistad familiar más profundamente arraigada puede enmendarse, también la nación puede unirse para proteger su libertad".[1]

Estas hostilidades tan largas en el tiempo me recuerdan lo que la Biblia llama en Ezequiel 25:15 (RVR 60) *antiguas enemistades*. Este versículo se refiere al conflicto entre el pueblo de Israel y los filisteos, que había perdurado durante generaciones. A veces, las familias se aferrarán a ofensas que sucedieron tanto tiempo atrás que olvidan por qué siguen estando enojados. Lo único que pueden pensar es: "Mi abuela los odiaba. Mi mamá los odiaba. Así que yo los odio".

Antiguas enemistades. Sin duda, no es así como aprendemos a amar como si nunca nos hubieran herido.

Una familia piadosa

Dios está en el negocio de bendecir a las familias. Él tiene un propósito para ellas, tiene un plan para ellas, y quiere usarlas. Si resuenan en tus oídos los ecos de portazos y voces que gritan, podría resultarte difícil leer estas verdades.

Aún así, son ciertas.

> **Dios está en el negocio de bendecir a las familias.**

La familia produce problemas. Produce retos. Produce crisis. Produce dolor. Sin embargo, la familia sigue siendo plan de Dios y su idea.

El diablo quiere destruir nuestras familias, y trabajará desde cada ángulo y cada rincón para hacer que eso suceda.

Dios te llama a liderar a tu familia con amor y mediante el amor. Ora. Haz lo correcto.

En ningún otro lugar en esta vida encontrarás mayor satisfacción y amor que dentro del corazón de tu familia. Vale la pena seguir la familia y luchar por ella. No des la espalda a tus seres queridos. Ve tras ellos con el mismo amor, gracia y misericordia con los que Dios te persigue a ti.

Mi esposa es contratista. Ella construye casas, incluida en la que vivimos ahora. Justo antes de que los albañiles de la construcción pusieran el cimiento de cemento para nuestra casa, Cherise y yo hicimos algo un poco inusual. Metimos una Biblia en una bolsa de plástico y la pusimos en la tierra. Fue un gesto simbólico de nuestro compromiso a construir esa casa sobre el cimiento correcto, porque su fortaleza no está en la casa en sí. Los bonitos colores de las paredes, los electrodomésticos de la cocina y los hermosos suelos de madera en tu casa no van a protegerte de las tormentas, pero el cimiento sí lo hará.

¿Sobre qué cimiento está construida tu casa?

Pon el cimiento correcto

Por más de treinta años, la pequeña ciudad de Imperial Beach en California recibió a cientos de miles de visitantes de todo el mundo un fin de semana cada verano, para su competencia anual de castillos de arena Open Sandcastle Competition. Complementando las centelleantes aguas azules del océano había una costa salpicada de cientos de competidores trabajando en su magia artística, utilizando arena.

Comenzando en la mañana temprano, hombres y mujeres usaban cubos, pajitas y palas para crear personajes de dibujos animados, criaturas míticas, réplicas de esculturas y monumentos históricos, y desde luego, complicados castillos de diseño. Durante horas, iban una y otra vez de la tierra seca al océano rellenando cubos de agua. Los competidores mojaban la arena, la aplastaban y daban forma a esa arena con un trabajo de amor que requería un detalle y una paciencia asombrosos.

A las cuatro de la tarde, esas impresionantes esculturas de arena habían sido admiradas por visitantes, juzgadas por expertos, y habían recibido premios. Entonces llegaba la marea. Al principio, superaba la línea costera solamente en centímetros. Lentamente, a medida que pasaban los minutos, la marea se acercaba cada vez más a la arenosa playa.

Grano a grano, cada obra de arte construida asombrosamente y detalladamente comenzaba a disolverse. Cimientos eran derribados por el descenso de olas cubiertas de espuma hasta que, finalmente, cada uno de los cientos de esculturas quedaba engullida en el océano sin fin.

Jesús dijo:

> *Todo el que escucha mi enseñanza y la sigue es sabio, como la persona que construye su casa sobre una roca sólida. Aunque llueva a cántaros y suban las aguas de la inundación y los vientos golpeen contra esa casa, no se vendrá abajo porque está construida sobre un lecho de roca. Sin embargo, el que oye mi enseñanza y no la obedece es un necio, como la persona que construye su casa sobre la arena. Cuando vengan las lluvias y lleguen las inundaciones y los vientos golpeen contra esa casa, se derrumbará con un gran estruendo.*

> Mateo 7:24-27

Llegarán tormentas. Si aún no has experimentado ninguna, créeme: va a llegar una. No importa cuántos versículos hayas memorizado, cuánto hayas diezmado, cuánto tiempo hayas servido en tu iglesia o cuánto tiempo pases en oración; llueve sobre justos e injustos.

Jesús es el único cimiento que puede asegurar tu vida, tu casa, tu matrimonio y tu familia contra las inevitables mareas.

Jesús es el único cimiento que puede asegurar tu vida, tu casa, tu matrimonio y tu familia contra las inevitables mareas. Ningún otro fundamento permanecerá.

He hablado de cuán importante es establecer firmemente tu fe y profundizar en ella continuamente como líder de tu casa. La meta es transmitir este legado de fe a tu familia, y el único modo en que puedes hacerlo es construyendo un fundamento en Jesús. Eso significa que incluso cuando tu bebé esté en el hospital, cuando el médico dice que el cáncer se ha reproducido, cuando tu hija adolescente huye o cuando encuentras pornografía en la computadora, puedes creer que cuando termine la tormenta, tu casa permanecerá.

Cuando piensas que no puedes amar al esposo que falló, a la madre que abusó de ti, o al hijo que te robó dinero, recuerda que la Roca sobre la que construyes tu casa es más fuerte que el pecado. La Roca es más fuerte que la rebelión. La Roca es más fuerte que la iniquidad. La Roca es más fuerte que la adicción.

Mira, es fácil construir castillos de arena, y es divertido hacerlos. Brilla el sol, el tiempo es perfecto, y una ligera brisa acaricia tu espalda. Todos los que te rodean ríen y lo están pasando muy bien. Construir una casa de ladrillo, por otro lado, requiere sangre, sudor y lágrimas. Y tiempo: mucho más tiempo. Pero contrario a los castillos de arena, permanecen.

Piensa en el cimiento que estás construyendo para tu familia. Cuando tu fe está segura en Jesús, aprenderás a amar como si nunca te hubieran herido. Puedes perdonar la traición. Puedes soltar la ofensa. Puedes estar firme cuando tu hija te diga que te odia. Puedes seguir creyendo que Dios intervendrá cuando todo lo que te rodea se desmorona.

Construye un cimiento fuerte. Apaga las distracciones del mundo, la computadora, el televisor, las personas negativas, el pensamiento negativo. Sintoniza con las cosas correctas. Pasa tiempo en oración. Medita en la Palabra. Permite que el Espíritu Santo hable a tu vida y se mueva en ella. Asiste a la iglesia. Y haz esas cosas cuando llegue la marea, porque ese es el único modo en que tu familia seguirá en pie.

Pasa el manto de la fe

El libro de Éxodo ofrece instrucciones con respecto a los sumos sacerdotes de Israel. Acompáñame mientras desarrollo un poco este tema.

Ponle a Aarón sus vestiduras sacerdotales: la túnica, el manto que se usa con el efod, el efod y el pectoral. Después cíñele la faja decorativa del efod. Colócale el turbante sobre la cabeza y fija el medallón sagrado en el turbante. Luego úngelo derramando el aceite de la unción sobre su cabeza. A continuación, trae a sus hijos y vístelos con sus túnicas. Cíñeles las fajas a Aarón y a sus hijos, y colócales los gorros especiales. Entonces el derecho del sacerdocio les pertenecerá por ley para siempre... Las vestiduras sagradas de Aarón deberán ser preservadas para los descendientes que lo sucedan, quienes las usarán cuando sean ungidos y ordenados.

Éxodo 29:5-9, 29

Cuando Aarón, que fue el primer sumo sacerdote de Israel, murió, sucedió algo curioso. Según Números 20, esto fue justo después de que el pueblo de Israel viajara desde Cades hasta el Monte Hor. Aarón era ya anciano entonces, y se estaba muriendo. Dios habló a Moisés, hermano de Aarón, y le dio una instrucción extraña: "Lleva a Aarón y a su hijo Eleazar y suban al monte Hor. Ahí le quitarás las vestiduras sacerdotales a Aarón y se las pondrás a su hijo Eleazar. Aarón morirá allí" (ver Números 20:25-26).

Dios quería que el hijo de Aarón llevara las mismas vestiduras que su padre llevaba cuando servía como sumo sacerdote. ¿Qué significa esto? Era el modo de Dios de decir: "Estoy llamando a esta familia. Estoy poniendo una unción especial sobre esta familia. Hay algo diferente en ellos. No son como los demás; son únicos. Tengo un propósito especial para ellos".

Esto suena a una bonita bendición para tiempos antiguos, pero ¿qué tiene que ver con nuestras familias en el presente?

Según 1 Pedro 2:9, nosotros (refiriéndose a cada creyente en Cristo) somos *"real sacerdocio"*. No somos como las demás familias en nuestra calle privada o en nuestra comunidad. Somos una familia sacerdotal. Somos llamados. Somos ungidos.

Piensa en las ropas que te pones cada día para realizar tus tareas. ¿Qué te pones? ¿Qué tipo de vestidura estás pasando a la siguiente generación?

¿Estás pasando una vestidura de paz, o una vestidura de contención?

¿Una vestidura de oración, o una vestidura de peleas?

¿Una vestidura de necesitar tener la razón, o una vestidura de esforzarte hacia la reconciliación?

¿Una vestidura de perdón, o una vestidura de amargura?

¿Una vestidura de bondad, o una vestidura de frustración?

¿Una vestidura de fe, o una vestidura de preocupación?

> ¿Qué tipo de vestidura estás pasando a la siguiente generación?

¿Una vestidura de amar como si nunca te hubieran herido, o una vestidura de resentimiento por todo el dolor que has soportado?

Pasaremos a nuestros hijos solamente lo que vestimos, no lo que profesamos. Yo puedo decir que Jesús es la prioridad en mi vida, pero si mi familia nunca me ve vistiendo esa prioridad de lunes a sábado, entonces lo que yo diga no importa. No pasaré lo que diga; solamente pasaré lo que vista.

Parece que la verdadera naturaleza y profundidad de nuestra fe y carácter se revelan durante los tiempos difíciles. Me aventuraré a decir que solamente durante esos periodos es cuando vemos claramente qué vestiduras llevamos puestas.

¿Qué sucede cuando recibimos la temida llamada telefónica, cuando estamos sosteniendo la pluma para firmar los documentos de divorcio, cuando el escáner muestra que el cáncer se ha extendido, cuando se produce el abuso, cuando llega la injusticia?

Piensa en lo que estás transmitiendo a tu familia, a tus hijos e incluso a los hijos de ellos, durante esos momentos de crisis. ¿Estás modelando el poder de la fe ante tus hijos al buscar a Dios, o te derrumbas y corres a cualquier fuente secular y a todas ellas en busca de paz?

Si estás leyendo esto ahora y no estás contento con la vestidura que llevas, no te desalientes. Podrías sentirte un fracaso porque tu familia está atravesando una crisis. Quizá tengas ganas de rendirte. Tal vez pienses que has fastidiado demasiado las cosas, o que has llegado demasiado lejos. Quizá creas que las heridas son demasiado profundas. Podrías pensar que tú eres el único. Estoy aquí para decirte que no es demasiado tarde.

Ninguna familia es perfecta. Ninguna persona es perfecta. Tú puedes cambiar hoy el rumbo, puedes cambiar la marea. Puedes comenzar a ponerte la vestidura de la fe que ha pasado por pruebas, tribulaciones y presiones como nunca podrías haber imaginado, pero que permanece fuerte, que resiste la tentación, que hace lo correcto.

Si quieres pasar la "vestidura de la fe" a tus hijos, entonces comienza a ponértela, ¡y llévala bien!

El enemigo no puede tener a nuestras familias, no puede tener nuestros hogares, ni puede tener a nuestros hijos. Cuando llevamos puestas las vestiduras correctas, las vestiduras de alabanza, santidad, pureza y unción sobrenatural, ¡ninguna arma forjada contra nosotros prosperará!

Dios quiere restaurar tu hogar. Él quiere sanar tus relaciones rotas. Él quiere darte paz. Él quiere darte esperanza. Él quiere devolverte lo que has perdido, lo que ha sido robado, incluso lo que tú has desechado.

Dios quiere mostrarte cómo amar como si nunca te hubieran herido.

Cuatro maneras de amar como si nunca te hubieran herido

Tienes una responsabilidad como padre o madre de liderar bien a tu familia. Los cuatro pasos siguientes te ayudarán a amarlos incluso cuando parezca imposiblemente difícil:

1. Ora.

2. Mantén tu compromiso.

3. Sé consciente de tu mayor tentación.

4. Di "Lo siento", y dilo de veras.

Paso 1: Ora

Nunca dejes de orar por tus hijos.

Mientras tengamos aliento, tenemos que orar por ellos. Nuestros hijos no pueden elevarse sin nuestras oraciones, ni pueden llegar a los lugares altos sin nuestras oraciones. Solamente veremos la mano de Dios moverse en sus corazones y en sus vidas con nuestras fieles oraciones.

Si tu hijo adolescente se niega a hablar contigo, ora. Si tu hija no quiere tener nada que ver contigo, ora. Si tu hijo es rebelde contra ti, ora. Si tu relación con un hijo adulto está tensa, ora.

Ora sin cesar.

Paso 2: Mantén tu compromiso

Después de trabajar por veintidós años como presidente de Columbia Bible College and Seminary (ahora Universidad Internacional de Columbia), John Robertson McQuilkin dimitió. Renunció a una carrera exitosa para poder cuidar a tiempo completo de su esposa, que tenía Alzheimer.

Años antes, cuando le diagnosticaron por primera vez la enfermedad a Muriel, McQuilkin mencionó a la junta directiva del instituto que finalmente tendría que retirarse. Ellos lo entendieron, pero nunca hicieron ningún movimiento para encontrar un sustituto.

Cuando el estado de Muriel se deterioró, McQuilkin comenzó a batallar con la decisión de ingresarla. Tenía sentido sobre el papel, e incluso colegas y amigos de confianza le dijeron que eso era lo correcto. Pero solo pensar en su amada esposa muy medicada en un ambiente que no era su hogar fue suficiente para que él lo reconsiderara.

Estaba claro que McQuilkin ya no podía ser al mismo tiempo presidente del instituto y el esposo a tiempo completo para su Muriel. Él dijo sobre su decisión: "Cuando llegó el momento, la decisión fue firme. No necesité grandes cálculos. Fue una cuestión de integridad. ¿Acaso no había prometido, 42 años antes, 'en la salud y en la enfermedad... hasta que la muerte nos separe'?".[2]

Cuando le dijo a la junta que dimitía, McQuilkin quedó sorprendido por la falta de apoyo que recibió por parte de algunos. De hecho, una persona intentó convencerle de que no lo hiciera. "Ella ni siquiera sabe quién eres", le dijo. La respuesta de McQuilkin: "Pero yo sí, y sé lo que debo hacer".[3]

Este hombre entendió plenamente y se comprometió con los votos que hizo cuando se casó con Muriel. Él fue firme incluso cuando era difícil, cuando tenía que hacer sacrificios, cuando tuvo que actuar desinteresadamente. ¿Cuántos de nosotros podemos decir lo mismo sobre nuestro nivel de compromiso?

Paso 3: Sé consciente de tu mayor tentación

Hay veces en tu vida en que alguien te hace daño y tu dolor es tan grande, que puede que te sientas justificado en hacer lo incorrecto. Quizá te sientes justificado en no perdonar a un cónyuge que te ha engañado. Tal vez te sientes justificado en alejarte de un familiar que te ha decepcionado profundamente. Incluso puedes sentirte justificado en buscar venganza.

> **Somos más vulnerables a la tentación, a hacer lo incorrecto, cuando mejor podemos justificarlo.**

Creo que somos más vulnerables a la tentación, a hacer lo incorrecto, cuando mejor podemos justificarlo.

La mayoría de las personas piensan que la mayor tentación que

Jesús afrontó nunca fue cuando Satanás se acercó a Él después de su ayuno de cuarenta días en el desierto. Yo creo que sucedió justo antes de ser crucificado.

Cuando Jesús estaba orando en el huerto de Getsemaní, sabía que solo unas horas después sería golpeado, torturado y colgado desnudo de una cruz. Estaba en angustia mientras oraba, sudando gotas de sangre. *"¡Padre mío! Si es posible, que pase de mí esta copa de sufrimiento. Sin embargo, quiero que se haga tu voluntad, no la mía"* (Mateo 26:39).

Después de orar, soldados romanos inundaron el huerto y le arrestaron. Intentando defender a Jesús, un furioso Pedro cortó la oreja de uno de los hombres que allí estaban. Jesús se dirigió a Pedro:

> *Guarda tu espada —le dijo Jesús—. Los que usan la espada morirán a espada. ¿No te das cuenta de que yo podría pedirle a mi Padre que enviara miles de ángeles para que nos protejan, y él los enviaría de inmediato? Pero si lo hiciera, ¿cómo se cumplirían las Escrituras, que describen lo que tiene que suceder ahora?*
>
> Versículos 52-54

¡Jesús tenía la capacidad de poner fin a eso! Podría haber reunido muchas razones para no seguir con el plan de Dios. Y sinceramente, ¡nadie le habría culpado por hacerlo!

Esta fue su mayor tentación.

Mientras mayor es la tentación y mayor es la justificación, mayor es la manifestación de Dios en tu vida si no cedes a esa tentación.

Los momentos en que eres más tentado son cuando puedes justificar ser desagradable, vengativo o claramente mezquino. Puedes justificar, como se dice, "devolver a los demás lo que te han dado a ti". Puedes justificar sentir lástima de ti mismo porque alguien a quien amabas te traicionó.

Tu mayor tentación llegará con tu mayor justificación. Pero lo que no ves es que mientras mayor es la tentación y mayor es la justificación, mayor es la manifestación de Dios en tu vida, si no cedes a esa tentación.

He dicho antes que quienes están más cerca de ti son quienes más daño pueden hacerte. Cuando alguien a quien amas te ofende o te rompe el corazón, vigila tu reacción. Resiste el impulso de vengarte de él o ella. Perdona. Si necesitas hacerlo, establece límites. Pero debes perdonar.

Paso 4: Di "Lo siento", y dilo de veras

He hablado mucho sobre la importancia y el poder del perdón cuando nos han herido. Quiero hablar de la necesidad de decir "Lo siento" cuando somos nosotros quienes hemos herido a otros, ya sea con intención o no.

Si quieres restaurar una relación, debes estar dispuesto a decir: "Siento haber herido tus sentimientos". "Siento haber dicho esas cosas". "Siento no haber confiado en ti". "Siento haberme enojado tanto".

Esta es otra idea: nunca arruines una disculpa poniendo excusas. Nunca digas: "Lo siento, pero..." Discúlpate, y hazlo de veras.

Todos hemos cometidos errores y hemos tomado decisiones que desearíamos deshacer, pero solamente podemos seguir hacia delante. Antes de poder avanzar verdaderamente, debes humillarte y arrepentirte. Si el Espíritu Santo te impulsa a disculparte, sin duda deberías hacerlo. Somos humanos, y herimos a otros a veces con intención y otras veces sin intención. Pedir perdón podría ser la clave para avanzar.

Cómo construir una familia exitosa

Sin importar cuán destruida pueda estar tu familia o cuán desafiante sea el momento que estás pasando, estoy seguro de una cosa: quieres que tu familia tenga éxito. No estoy hablando en términos materiales, como ser la familia más rica del barrio. Estoy hablando de construir una familia que sirve a Dios, en la cual cada individuo camina en su unción y propósito únicos.

Muchas familias fracasan porque hemos aprendido a tener la iglesia en la iglesia, y cuando llegamos a casa dejamos a Dios en la iglesia. Lo único que tenemos en nuestro hogar es un hogar. Si queremos construir y reconstruir nuestras familias en los tiempos en que vivimos, tenemos que volver a llevar la iglesia al hogar.

Eso requiere equilibrio. No puedes ser tan espiritual que descuides las cosas naturales, y no puedes ser tan natural que descuides las cosas espirituales. La voluntad de Dios está en algún lugar entre la cocina de Marta y el altar de María.

Cuando Jesús llegó a la casa de Marta, lo único que a ella le importaba era la comida que había sobre la mesa y lo limpia que estaba su casa. Todo tenía que estar en orden. María, por otro lado, no se preocupaba por esas cosas. En lugar de poner la mesa, se arrodilló, derramó aceite sobre los pies de Jesús y le adoró. Necesitamos tener lo espiritual y lo natural bajo el mismo techo.

> **No puedes ser tan espiritual que descuides las cosas naturales, y no puedes ser tan natural que descuides las cosas espirituales.**

A continuación hay algunas cosas que he aprendido por llevar treinta años casado (mientras escribo estas palabras) y ser padre de cinco hijos. Sé que el clamor de cada uno de ustedes, padres y madres, es ver a su familia tener éxito.

1. *Comunícate abiertamente con tu cónyuge y exprésale amor.* Dios sabe que, como padres y madres, cometemos errores; pero no echaremos a perder a nuestros hijos si ellos saben que su mamá y su papá se aman el uno al otro y están comprometidos el uno con el otro.

Los niños necesitan oír a papá decirle a mamá que la ama. Necesitan ver que nos tocamos. Necesitan ver que nos abrazamos. Necesitan ver que caminamos por el centro comercial agarrados de la mano. Necesitan ver que disfrutamos de la compañía mutua.

Ellos actuarán como si ese afecto fuera lo más horrible del mundo, desde luego, pero es lo que ayuda a mantener fuerte un matrimonio. Las familias que no lo hacen son las familias que fallan.

2. *Comunícate abiertamente con tus hijos y exprésales amor.* Los niños necesitan oír de sus padres: "Te amo". Quieren que mamá les afirme; quieren que papá les dé un abrazo. Si no obtienen afirmación de ti, ¡van a obtenerla de alguna otra persona! Las familias exitosas tienen padres que son afectuosos con sus hijos de manera respetuosa.

3. *Permite la comunicación abierta y la expresión de amor entre hermanos.* Sé que este puede ser todo un reto. Recuerdo cuando la mayoría de mis hijos eran adolescentes al mismo tiempo. Parecía que siempre había alguien luchando con otro, ¡y yo me sentía como si fuera un árbitro! La Biblia nos dice que no dejemos que se ponga el sol sobre nuestro enojo (ver Efesios 4:26). Siempre que nuestros hijos se peleaban, Cherise y yo hacíamos que lo solucionaran hablando y, más importante, que se dieran un abrazo. La mitad de las veces era un medio abrazo a regañadientes, pero poco después nuestros hijos volvían a amarse unos a otros.

4. *Respeta a la persona en cada individuo.* Puede que tengan diferentes ideas, opiniones o creencia. No se peleen por sus diferencias. Aunque no necesariamente tienes que estar de acuerdo con ellos, respeta a tus familiares.

5. *Respeta la propiedad personal.* Tus cosas son una extensión de tu persona. Necesitamos enseñar en nuestros hogares que no pueden entrar y robar la camiseta nueva de su hermana e iniciar la Tercera Guerra Mundial. Hay que respetar su propiedad. Hay que preguntar antes de tomar prestado.

6. *Respeta la intimidad, pero considera primero su seguridad y bienestar.*
    Es una buena idea no entrar nunca en el cuarto de un adolescente
    sin antes llamar a la puerta. Dicho eso, también tienes la respon-
    sabilidad de proteger a tus hijos y reforzar los límites establecidos.
    Con frecuencia oigo a padres y madres decir: "Yo respeto a mis hijos
    y les doy su intimidad". A mí me gusta decir: "Uno tiene intimidad
    cuando paga la hipoteca". Una vez, cuando una de nuestras hijas dio
    un portazo en su cuarto como muestra de desafío una de demasiadas
    veces, Cherise y yo le quitamos las bisagras a la puerta, y estuvo en
    el pasillo durante un mes. El equilibrio es clave. En nuestro hogar,
    Cherise y yo siempre tendremos acceso total a todo, incluidas las
    contraseñas de los demás.

7. *Establece, comunica y haz cumplir los límites.* Necesitamos enseñar a
    nuestros hijos cuáles son los límites. He hablado de esto a lo largo
    de este libro. ¿Cuál es la norma en tu hogar? ¿Cuáles son tus límites?
    ¿Qué reglas has establecido para tus hijos e incluso para ti mismo?

    Puede que a tus hijos no les gusten los límites que estableces, pero tú
    eres responsable de hacer que se cumplan. Tú eres responsable de la
    atmósfera que hay en tu hogar. Puedes tener un hogar gritón donde
    la única vez en que alguien hace lo que tú dices es cuando gritas, o
    puedes tener un hogar tranquilo en el que tus hijos escuchan con
    respeto.

    Cuando estableces límites y cumples la disciplina en tu hogar, padre
    y madre tienen que estar de acuerdo. Los hijos intentarán enfrentar a
    su mamá y a su papá; enredarán a los padres para hacer que discutan
    entre ellos. Prepara el escenario para lo que será tolerado y lo que no,
    y asegúrate de que tú y tu cónyuge estén de acuerdo.

8. *Comprométete al proceso.* Solo porque uno de tus hijos se ponga como
    loco y lo arruine todo en este momento, tienes que saber que no va
    a ser así el resto de su vida. Por ejemplo, decir una mentira no es
    lo mismo que ser un mentiroso. Ten paciencia y deja que el Señor
    complete su obra en él.

9. *Pon a Jesús por encima de todo lo demás.* Hazlo a Él presente en todo momento, incluso en las pequeñas cosas. Reconócelo en cada comida, mediante actitudes agradecidas, al leer juntos la Biblia y orar como familia.

10. *Lidera mediante el ejemplo.* Enseñamos por medio de lo que nuestros hijos nos ven hacer en la vida real. Mis hijos aprenden sobre el perdón cuando me ven cometer un error y pedir perdón. No te limites a predicarles; practica lo que dices.

Crear un legado

Cada familia, incluida la tuya, tiene una historia rica en logros. Puede que no lo sepas, pero en tus genes familiares radican fortalezas que son únicas y distintivas. Para honrar el pasado de tu familia, no tienes que levantar un monumento. El mayor tributo que puedes hacer es recordar con amor las aportaciones y las normas de quienes ya han partido con el Señor, y después seguir sus caminos.

Una manera maravillosa de edificar la autoestima de tus hijos es hablarles de las grandes cosas que Dios ha hecho en su herencia. Cuéntales historias de la fidelidad de Dios. Háblales sobre los milagros que han tenido lugar. Rétalos a estar a la altura de las normas establecidas por quienes los precedieron.

En estos tiempos oímos mucho sobre maldiciones generacionales. Yo creo que es momento de que comencemos a transmitir bendiciones generacionales a nuestros hijos. ¡Son transferibles!

Jacob las transmitió a sus hijos, y tú puedes transmitirlas a los tuyos. Génesis 48:9 nos dice que cuando José presentó a Jacob a sus dos hijos nacidos en Egipto, Jacob dijo: *"Acércalos más a mí, para que pueda bendecirlos"*.

No necesitas un millón de dólares ni una lista impresionante de logros para dejar una herencia y bendición a tus hijos. Tan solo dales los valores, la sabiduría y el amor que te llevaron hasta donde estás. Dales la receta para la vida que sirvió bien a tu familia, y entonces desafíalos a que la transmitan a la siguiente generación.

¿Recuerdas que mi esposa y yo pusimos una Biblia en los cimientos de la casa que construimos? Tú puedes hacer lo mismo. Pon la Palabra de Dios como tu cimiento. No es demasiado tarde para construir tu familia. Aunque tu casa física ya esté construida, hoy estás construyendo tu casa espiritual.

> **Es momento de que comencemos a transmitir bendiciones generacionales a nuestros hijos.**

LA **GRAN** IDEA

Construye el hogar espiritual de tu familia.

CAPÍTULO ONCE

LUCHA POR TU FAMILIA

Durante la Segunda Guerra Mundial, Adolf Hitler, que en un tiempo soñó con ser un gran artista, dirigió a los nazis en el mayor golpe sobre el arte de la historia. Las fuerzas alemanas saquearon miles de pinturas y esculturas, objetos y reliquias. El plan de Hitler era albergar esos tesoros para él en un gigante y bonito museo que él construiría un día.

Si no hubiera sido por un grupo de fuerzas aliadas llamadas los Hombres de los Monumentos, muchas de estas valiosas posesiones de la cultura europea se hubieran perdido con la desaparición del Tercer Reich. Organizados como una unidad militar aliada durante la guerra, esta banda de unos 350 hombres y mujeres historiadores de arte, conservadores de museos y profesores investigaron el botín robado. Cuando la guerra terminó, los Hombres de los Monumentos habían ayudado a encontrar (y finalmente devolver) unos cinco millones de objetos culturales y artísticos. Al hacerlo, ayudaron a preservar la cultura europea para las generaciones venideras.

En las primeras etapas de su salvaje expedición, los Hombres de los Monumentos recibieron poco o ningún reconocimiento de los soldados combatientes. Sin embargo, estos hombres y mujeres pelearon mucho.

179

Un hombre del cuerpo especial, segundo teniente Rorimer, tuvo una determinación increíble. Leí que una vez se puso en pie delante de un castillo que estaba en la lista de monumentos protegidos. El edificio había sido incendiado y tres de sus cuatro muros se habían caído. Este monumento apenas si se sostenía.

No era mucho más que un montón de escombros. Pero valía la pena luchar por él.

Rorimer escuchó el ruido de una excavadora que se aproximaba. La gran máquina se abría paso atronadoramente hacia el monumento protegido en una misión de demolición. Según se acercaba, Rorimer se puso delante de la excavadora y valientemente extendió su mano, demandando que el conductor se detuviera.

Un comandante que andaba por allí se apresuró e insistió a los Hombres de los Monumentos en que no tenían autoridad para decirle a nadie qué hacer. En esencia, el oficial argumentó: "Esto es una estupidez. Están perdiendo su tiempo. Aquí solo queda una pared".

Rorimer no tenía intención alguna de retroceder. Informando al oficial que había tomado una fotografía de los restos del histórico edificio, levantó la proclamación del Presidente Eisenhower sobre los monumentos y la guerra. "¿Quiere usted pasar el resto de su gira explicando por qué esta demolición era una necesidad militar, y no una conveniencia?".[1]

El oficial al mando cedió. Y aunque devastado por la guerra, quebrantado y arruinado, lo que quedaba de este castillo se preservó.

Hombres y mujeres de los Monumentos

Quiero que pienses en ti como si fueras un Hombre o una Mujer de los Monumentos.

Te han dado unos valiosos tesoros para proteger. Tu matrimonio es un tesoro muy valioso. Tus hijos son tesoros valiosos. Tus seres queridos son tesoros muy valiosos. Y Dios te ha encomendado luchar por ellos.

Las excavadoras del infierno se acercan. Están abriéndose paso hacia ti para derribar las paredes rotas de tu familia. Puedes dejar que el enemigo las borre de la faz de la tierra, o puedes ponerte delante de tus seres queridos y decir: "En el nombre de Jesús, ¡voy a luchar por mi familia!".

No dejes que el infierno se lleve tus tesoros.

Tu familia quizá sea un desastre ahora mismo, pero Dios puede reconstruir lo que ha sido roto o destruido. Si decides luchar por tu familia, Dios te dará la victoria.

> **Piensa en ti como si fueras un Hombre o una Mujer de los Monumentos.**

Continúa peleando

Si quieres amar como si nunca te hubieran herido, vas a tener que empezar a pelear por tu familia.

Recuerdo cuando Dios le dijo a Nehemías, en ese tiempo un alto oficial en un país extranjero, que regresara a su tierra natal y reconstruyera las murallas de Jerusalén. La ciudad estaba hecha un desastre, en ruinas por las innumerables batallas para destruirla.

Nehemías reunió al liderazgo de Israel y se dispuso a trabajar.

> *De manera que coloqué guardias armados detrás de las partes más bajas de la muralla, en los lugares más descubiertos. Puse a la gente por familias para que hiciera guardia con espadas, lanzas y arcos. Luego, mientras revisaba la situación, reuní a los nobles y a los demás del pueblo y les dije: «¡No le tengan miedo al enemigo! ¡Recuerden al Señor, quien es grande y glorioso, y luchen por sus hermanos, sus hijos, sus hijas, sus esposas y sus casas!».*
>
> Nehemías 4:13-14

Los enemigos llegaban para destruir los hogares de los israelitas, sus matrimonios y sus familias. Pero Nehemías no tenía miedo. Le dijo al pueblo: "No teman. Recuerden que el Señor es grande y asombroso".

Le dijo al pueblo que luchase.

"Luchen por sus hijos".

"Luchen por sus hijas".

"Luchen por sus esposas".

"Luchen por sus casas".

"Luchen por sus familias".

Es obvio que el ataque de Satanás en el siglo XXI es contra el hogar. Los valores que cuidamos y los buenos principios a los que nos hemos dedicado es algo por lo que vale la pena luchar.

Si queremos ganar a nuestras familias para Dios, debemos hacer solo una cosa: ¡pelear por ellas! *"Jehová peleará por vosotros, y vosotros estaréis tranquilos"* (Éxodo 14:14 RVR 60).

Me encanta el cuadro que dibuja la Biblia del proyecto de construcción de Nehemías:

> *Cuando nuestros enemigos se enteraron de que conocíamos sus planes y que Dios mismo los había frustrado, todos volvimos a nuestro trabajo en la muralla. Sin embargo, de ahí en adelante, solo la mitad de los hombres trabajaba mientras que la otra mitad hacía guardia con lanzas, escudos, arcos y cotas de malla. Los líderes se colocaron detrás del pueblo de Judá que edificaba la muralla. Los obreros seguían con el trabajo, sosteniendo con una mano la carga y con la otra un arma. Todos los que construían tenían una espada asegurada a su costado.*

> Nehemías 4:15-18

Estos hombres estaban edificando y peleando a la vez. Tenían una herramienta en una mano y un arma en la otra. Vivimos en un tiempo en que debemos edificar nuestra familia con una mano y pelear contra el enemigo con la otra mano.

Cuando Nehemías se esforzó por reconstruir los muros que habían sido derribados, la oposición vino contra él de inmediato.

¿Está tu familia bajo ataque hoy? Quizá tu hijo adolescente no está sirviendo al Señor. Quizá alguien de tu familia tiene una adicción. Tal vez no te hablas con un ser querido desde hace meses o incluso años. Quizá el rencor o la amargura están infectando a tu familia.

Decide hoy que no vas a dejar que el enemigo tome a tu familia. Decide pelear por ella.

No te conformes con dejar que el infierno se lleve el tesoro de tus seres queridos. Preserva tu familia. Recuérdate a ti mismo lo que es importante. Asume la responsabilidad de tu familia. Decide no dejar que los arietes del infierno te destruyan a ti ni a tus seres queridos. Decide no dejarles perecer. Toma una espada en una mano y di: "Voy a reconstruir y voy a pelear hasta que consiga la victoria en mi propia casa".

Esta es la buena noticia, gran noticia de hecho. ¡Dios peleará por ti!

Nehemías dijo: "*Entonces les expliqué a los nobles, a los oficiales y a todo el pueblo lo siguiente: «La obra es muy extensa, y nos encontramos muy separados unos de otros a lo largo de la muralla. Cuando oigan el sonido de la trompeta, corran hacia el lugar donde esta suene. ¡Entonces nuestro Dios peleará por nosotros!»*" (Nehemías 4:19-20).

> **¡Dios peleará por ti!**

Si tú peleas, Dios peleará.

Dios peleará por tu esposa, por tu esposo, por tu hijo, por tu hija, por tu casa. "*¡Ningún arma forjada contra ti prosperará!*" (Isaías 54:17 RVR 60).

Si estás decidido a mantener unida a tu familia, a reconciliar las relaciones que están rotas, a amar como Dios te ama, será mejor que empieces a pelear.

Plan de batalla

Si vas a luchar por tu familia, necesitarás un plan de batalla. Sigue leyendo para aprender cuatro estrategias para reclamar tu victoria.

Estrategia 1: Quita las manchas

Cuando Dios prometió a los israelitas que un día conquistarían la tierra de Canaán, también les aseguró que vivirían en casas que ya habían sido construidas. Levítico 14 ofrece algunas de las instrucciones que Dios les dio a Moisés y Aarón sobre esas casas. En esencia, les dijo: "Revisen las paredes" (ver Levítico 14:37-42).

Esto es lo que significa: algunas de las casas en aquella zona habían sido infectadas por una plaga de lepra. Los eruditos creen que fue consecuencia de la generalizada idolatría que practicaban los propietarios originales.

Cuando las naciones paganas escucharon que los israelitas habían salido de Egipto y cómo Dios les había ayudado milagrosamente a escapar a través del Mar Rojo, se asustaron. Pensaron que, con el tiempo, el pueblo de Israel aparecería y conquistaría sus tierras también. Con la esperanza de proteger sus posesiones más valiosas, ídolos de plata y oro, embutieron esas estatuas en las paredes, debajo del suelo y detrás de las piedras de sus casas.

Cuando llegó el día que los israelitas se mudarían, Dios avisó a las personas que revisaran las paredes. Si aparecían manchas rojizas o verdosas, era una señal de que la casa estaba contaminada. No era algo que uno pudiera lavar con jabón y agua o lejía. Era un asunto espiritual serio que había que abordarlo con medios espirituales.

Un sacerdote inspeccionaría la casa y, si fuera necesario, quitaría las paredes afectadas y pondría otras nuevas en su lugar. Si las manchas comenzaran a extenderse por la casa, esta debía ser declarada inmunda. La versión Reina Valera 1960 se refiere a esta anomalía como lepra *"maligna"* (versículo 44); se podría decir lepra "enojada". Dios no quería que sus hijos vivieran en casas que eran espiritualmente inmundas.

Tu primera tarea en tu plan de batalla es esta: dedica un tiempo y evalúa la condición de tu casa. No estoy hablando de la alfombra desgastada, del nuevo porche o de la pintura despellejada. Estoy hablando de la condición espiritual de tu casa.

¿Está impregnada de amargura? ¿Furia? ¿Muchos gritos? ¿Portazos? ¿Disputas constantes? Si dices sí a alguna de esas cosas, considéralo como manchas en tus paredes.

Mira, ninguna familia es perfecta. Estrés, tensiones y conflictos son cosas comunes a todos. Tu entorno familiar no siempre estará saturado de sonrisas, carcajadas y abrazos desde la mañana hasta la noche.

Las manchas que Dios quiere que elimines son las disputas constantes que te están pasando factura en tus relaciones: la batalla constante entre tú y tu hijo rebelde; las semanas que pasan en las que tú y tu cónyuge apenas se dirigen una palabra el uno al otro; las acusaciones injustificadas que salen de tu boca y forjan otra grieta en la ya deteriorada relación.

Si esto suena abrumador, anímate. Jesús puede limpiar tu casa. Pero primero, tienes que hacer algo de limpieza.

Si quieres ser victorioso en la lucha por tu familia, es tiempo de asumir la responsabilidad. Piensa en estas preguntas: ¿Has transigido en tus actividades? ¿Has transigido en tus

> **Dedica un tiempo y evalúa la condición de tu casa.**

amistades? ¿El trabajo, salir por ahí después del trabajo o los video juegos se han convertido en algo más importante que pasar tiempo con Dios? ¿Estás teniendo conversaciones con amigos que a menudo se convierten en fiestas de chismes? ¿Toleras la rebelión? ¿La disciplina brilla por su ausencia en tu casa? ¿Permites que tus hijos vayan a esa fiesta o que duerman en otra casa sin verificar dónde están o que esté presente un padre? ¿Estás buscando cosas en la Internet que sabes que no deberías? ¿O estás viendo programas de pago por televisión, que no tienes derecho de ver? ¿Estás declarando bendiciones o maldiciones sobre tu familia? ¿Las adicciones infectan tu casa? ¿Peleas con el rencor? ¿Tiene poder sobre ti el alcohol o cualquier otra sustancia ilegal?

Limpia las manchas. Pon una norma de rectitud en tu casa. Deshazte de la suciedad y el lenguaje soez. Vigila lo que está ocurriendo con tus hijos. Permite que Dios limpie tu espíritu y te libere. Permítele eliminar la amargura y reemplazarla por gozo. Permítele eliminar el enojo y re-emplazarlo por paz. Permítele eliminar la contienda y reemplazarla por amor.

Dios puede tomar una familia destruida y volver a unirla. Después de meditar en las preguntas de inventario personal que hice arriba y pasar tiempo en oración pidiéndole a Dios que renueve un espíritu recto den-tro de ti, sigue estos tres pasos para comenzar a eliminar las manchas de tu casa:

1. *Unge tu casa.* Cuando unges tu casa y tu familia, le estás diciendo al Espíritu Santo que es bienvenido.

2. *Declara bendición sobre tu casa.* Esto es un mandato. Este es uno bueno: *"Que el Señor te bendiga y te proteja. Que el Señor sonría sobre ti y sea compasivo contigo. Que el Señor te muestre su favor y te dé su paz"* (Números 6:24-26).

3. *Sirve la comunión en tu casa.* Mi amigo de mucho tiempo, Perry Stone, escribió un libro llamado *El alimento que sana.* Eso es lo que hace la comunión: ¡sana! Es casi imposible pelear y discutir si sabes que van a comer juntos como familia y a compartir la comunión.

Estrategia 2: Cumple tus compromisos

Si quieres la paz en tu casa, si quieres un matrimonio duradero, si quieres que generaciones de familias continúen sirviendo al Señor, encomienda a Dios tu camino.

No dudes en tu fe. No bajes tus estándares. Establece unas prioridades correctas para ti y para tus seres queridos.

Jeremías 6:16 nos da un gran consejo: *"Deténganse en el cruce y miren a su alrededor; pregunten por el camino antiguo, el camino justo, y anden en él. Vayan por esa senda y encontrarán descanso para el alma".*

No dejes que la cultura defina o influya en tu identidad, tus valores o tu familia.

Al cuidar de tu familia, establece en tu corazón que tú y tus seres queridos se comprometerán con Dios. Irán a la iglesia juntos. Leerán juntos la Biblia. Serán una familia que honre a Dios.

Quizá discutan, se molesten, se enojen, se enfaden, se amarguen o se digan cosas feas de vez en cuando, pero cuando todo haya terminado, decide estar comprometido con Dios. Recuerda quién está de tu lado, ¡peleando por ti! Y siempre sé rápido en perdonar.

La mayoría conocemos a David como un hombre conforme al corazón de Dios (ver Hechos 13:22). Dios tenía muchas cosas buenas que decir sobre este hombre, aunque no fue un hombre perfecto, ni siempre estableció bien sus prioridades.

De hecho, leemos en 1 Reyes 15:5 que *"David había hecho lo recto ante los ojos de Jehová, y de ninguna cosa que le mandase se había apartado en todos los días de su vida, salvo en lo tocante a Urías heteo"* (RVR 60).

> **No dejes que la cultura defina o influya en tu identidad, tus valores o tu familia.**

Urías era uno de los guerreros de David. Incluso estaba incluido, como escribí antes, en la genealogía de Jesús como el esposo de Betsabé. David, el hombre conforme al corazón de Dios, no solo tuvo una relación amorosa con la esposa de Urías, Betsabé, sino que también tramó un plan para que Urías muriese para tratar de enmendar su error.

Había algo en Urías que Dios vio y no pudo pasar por alto. Él impresionó a Dios. Cuando comencé a estudiar a este hombre, observé que Urías tenía un espíritu de lealtad. Creo que por eso Dios siguió mencionándolo una y otra vez. La lealtad, o el compromiso, es un concepto poderoso. También nosotros impresionamos a Dios cuando nos comprometemos con Él, con la iglesia, con nuestros matrimonios y nuestras casas.

Probablemente sepas que David tuvo una aventura amorosa con Betsabé. (Puedes leer el relato en 2 Samuel 11). Ella quedó embarazada por ese encuentro. De inmediato, David ideó una solución para este terrible error: iba a encubrir lo que había hecho.

Envió a buscar a Urías, que estaba en el campo de batalla.

"Tú has luchado muy bien por mí", le dijo David a Urías. "¿Por qué no te tomas un descanso? Vete a casa y ve con tu mujer". David pensó que lo tenía todo arreglado, pero no se dio cuenta de que Urías era un hombre de lealtad.

Urías no se fue a su casa. Se sentía mal de que sus compañeros en el frente estuvieran luchando y él no estaba con ellos. Así que durmió junto a la puerta del palacio con los siervos del rey.

El rey lo volvió a intentar. La noche siguiente David consiguió emborrachar a este hombre, con la esperanza de que la embriaguez le hiciera sentirse amoroso y quisiera irse a casa a dormir con su esposa. Pero eso no ocurrió tampoco. Es curioso que Urías tenía más convicción cuando estaba borracho que la mayoría de las personas cuando están sobrias. ¿Cómo se explica eso? El espíritu de lealtad. Urías era un hombre comprometido.

Era leal en el campo de batalla. Era leal en su casa. Era leal en sus convicciones sobre Dios. David, sin embargo, estaba aún intentando evitar que se descubriera su pecado. Cuando se vio ante la posibilidad de que su pecado fuera expuesto, decidió que no tenía otra opción más que conseguir que Urías muriese. Envió de nuevo al hombre al frente de la batalla, con la tarea de llevar una carta al oficial al mando. Urías no tenía ni idea de que tenía en su propia mano su sentencia de muerte. En el documento, David exigía que Urías fuera llevado a la primera línea *"para que sea herido y muera"* (2 Samuel 11:15 RVR 60).

Y eso fue exactamente lo que ocurrió.

Quizá te encuentres en una situación en la que no deberías estar, pero si tienes suficiente de la Palabra de Dios en ti, no pecarás. Proverbios 11:3 (RVR 60) dice: *"La integridad de los rectos los encaminará".* Y en Salmos 119:11 (RVR 60), leemos: *"En mi corazón he guardado tus dichos, para no pecar contra ti".*

Cuando la vida familiar se torna difícil, llegará la tentación de rendirse, desviarse o transigir. Quizá estás cansado de pelearte con tus hijos o con tu cónyuge. Quizá estás en un aprieto financiero. Tal vez el estrés del trabajo te está desgastando. Hay algo que se puede decir en cuanto a ser leal en los tiempos difíciles.

Comprométete con las promesas que le hiciste a tu familia. Esfuérzate por ser fiel en todas las áreas de tu vida. Evita al seductor. Resiste al espíritu de ruptura del hogar. Recuerda el pacto matrimonial que hiciste. No juegues con mensajes de coqueteo. Huye de la tentación. No vayas a sitios que no deberías. Invierte en tu familia. Juega con tus hijos. Involúcrate en la vida de tus hijos. Lleva a tu hijo a un partido. Lleva a tu hija de compras. Di y haz cosas que honren a tu familia.

Thomas Carlyle escribió algo profundamente cierto: "La convicción… no vale de nada hasta que no se convierta en conducta".[2] ¿Quieres conocer la profundidad de tu carácter? Cumple los compromisos que ya has hecho.

No solo hables de ello. Hazlo.

Estrategia 3: Vive en base a tus convicciones

Un hombre en la Biblia descifró el código sobre cómo perpetuar la fe mediante múltiples generaciones de familia. Era un hombre con convicciones. Más que eso, las vivía.

Jonadab es mencionado por primera vez en 2 Reyes 10, donde se le menciona bajo el nombre de Jehonadab. Se convirtió en la mano derecha de Jehú, un hombre a quien Eliseo le había mandado arrebatar el trono de Israel y borrar la idolatría de la nación, restituyendo la adoración del único Dios.

Jonadab era perfecto para esa tarea, porque tenía un gran celo por la santidad de Dios. Se opuso a la religión de la época y rehusó dejar que la idolatría se introdujera en su linaje familiar. Jonadab no estaba interesado solo en jugar a la iglesia; sus acciones reflejaban sus convicciones.

Jonadab sabía cuán poderosas eran las ideologías seculares, así que intencionalmente estructuró su linaje familiar en torno a su relación con Dios, y no los antojos o deseos efímeros de la cultura. Decidió no dejar que la transigencia espiritual entrara en su hogar. Con este fin, Jonadab estableció algunas reglas: no permitió que nadie de su casa bebiera alcohol. Este no fue un mandato ordenado por Dios, pero Jonadab era un hombre sabio. Sabía que el exceso de bebida puede a menudo ser un portal para la conducta necia e incluso el pecado.

Avanzamos 240 años y encontramos la profundidad de la influencia de este padre. Sus convicciones se extendieron al menos a seis generaciones, porque leemos acerca de su línea de hijos en Jeremías 35. No dejes que los complicados nombres de este pasaje te confundan; permanece conmigo.

> *Palabra de Jehová que vino a Jeremías en días de Joacim hijo de Josías, rey de Judá, diciendo: Ve a casa de los recabitas y habla con ellos, e introdúcelos en la casa de Jehová, en uno de los aposentos, y dales a beber vino. Tomé entonces a Jaazanías hijo de Jeremías, hijo de Habasinías, a sus hermanos, a todos sus hijos, y a toda la familia*

de los recabitas; y los llevé a la casa de Jehová, al aposento de los hijos
de Hanán hijo de Igdalías, varón de Dios, el cual estaba junto al
aposento de los príncipes, que estaba sobre el aposento de Maasías
hijo de Salum, guarda de la puerta. Y puse delante de los hijos de la
familia de los recabitas tazas y copas llenas de vino, y les dije: Bebed
vino.

Mas ellos dijeron: No beberemos vino; porque Jonadab hijo de Recab
nuestro padre nos ordenó diciendo: No beberéis jamás vino voso-
tros ni vuestros hijos; ni edificaréis casa, ni sembraréis sementera, ni
plantaréis viña, ni la retendréis; sino que moraréis en tiendas todos
vuestros días, para que viváis muchos días sobre la faz de la tie-
rra donde vosotros habitáis. Y nosotros hemos obedecido a la voz
de nuestro padre Jonadab hijo de Recab en todas las cosas que nos
mandó, de no beber vino en todos nuestros días, ni nosotros, ni nues-
tras mujeres, ni nuestros hijos ni nuestras hijas; y de no edificar casas
para nuestra morada, y de no tener viña, ni heredad, ni sementera.
Moramos, pues, en tiendas, y hemos obedecido y hecho conforme a
todas las cosas que nos mandó Jonadab nuestro padre.

Jeremías 35:1-10 (RVR 60)

Durante seis generaciones, los hombres de la familia de Jonadab habían guardado las convicciones que su tataratatarabuelo había establecido en su casa. ¿Acaso no es asombroso? Jonadab puso un estándar piadoso para su familia. No era el estándar de su vecino. No era el estándar del padre de enfrente. Tampoco era el estándar de Hollywood, eso seguro. Él apartó a su familia para Dios, y 240 años después, sus descendientes estaban viviendo según esos mismos principios.

Debemos identificar cosas en nuestras vidas y en nuestras familias que no glorifiquen a Dios, y después debemos eliminarlas valientemente de nuestras casas. No por seguir un conjunto de reglas, sino para proteger ferozmente a quienes amamos.

Así es como creamos una herencia espiritual. Así es como pasamos el manto de fe. Se necesitan madres fuertes. Se necesitan padres fuertes. Se necesitan hombres y mujeres valientes que estén dispuestos a decir sí a Dios y consagrarse ellos, sus familias y sus casas.

Admito que aunque me esfuerzo por ser un buen padre, a veces he fallado. He cometido errores. He dicho palabras que después he lamentado. Pero lo sigo intentando, y lo sigo haciendo hoy. Quizá caiga mañana, pero me levantaré. Voy a seguir de pie porque escojo pelear por los futuros de mis hijos, sus hijos y generaciones futuras.

Todos necesitamos mejorar en saber decir no. Decir no a la bebida. Decir no a las píldoras. Decir no a ver ciertas películas. Decir no a tener almuerzos "inofensivos" con colegas del sexo opuesto. Decir no al chisme y a toda forma de lenguaje leudado. Decir no a dejar que tus hijos salgan con quien quieran y vayan donde les apetezca.

> **Graba el mensaje de Josué 24:15 en tu corazón: "pero yo y mi casa serviremos a Jehová".**

Lo mejor de la vida de Jonadab es lo que Dios prometió porque se aferró a sus convicciones. Dios dijo: *"No faltará de Jonadab hijo de Recab un varón que esté en mi presencia todos los días"* (Jeremías 35:19 RVR 60). Hablando claro: "Todos los descendientes de Jonadab me servirán".

¡Qué promesa! ¡Qué Dios! No importa lo mucho que una sociedad o cultura cambie con cada generación, nuestro Padre celestial puede bendecir a quienes deciden establecer normas en su casa y pelear por las almas de generaciones futuras.

Tu casa puede ser bendecida. Tu casa puede tener paz. Tu casa puede tener gozo. El favor de Dios puede venir sobre tu morada. Pero tienes que adueñarte en tu corazón de todo lo que sabes que a Dios no le agrada, y tirarlo por la ventana.

Vive según tus convicciones. Rehúsa transigir. Graba el mensaje de Josué 24:15 (RVR 60) en tu corazón: *"pero yo y mi casa serviremos a Jehová".*

Estrategia 4: Lucha por lo que queda

Me pregunto si has sufrido alguna pérdida. Quizá tu esposo te acaba de dejar. Quizá uno de tus hijos falleció en un trágico accidente automovilístico. Tal vez tu hijo adolescente se fue de casa. Quizá alguien a quien amabas cometió suicidio. Quiero que leas las siguientes palabras muy despacio y con mucho detenimiento.

Dios sigue siendo el Dios de lo que queda.

Quizá sientas que esto no es cierto, pero si te aferras a tu fe, Dios va a usar los escombros, las lágrimas y el dolor para un propósito mayor.

Amós 3:12 (RVR 60) dibuja un gran cuadro, aunque cuando lo leas por primera vez, te pueda parecer extraño: *"De la manera que el pastor libra de la boca del león dos piernas, o la punta de una oreja, así escaparán los hijos de Israel que moran en Samaria en el rincón de una cama, y al lado de un lecho".*

Una hermosa alegoría se está dibujando en la primera parte de este pasaje. Un león había devorado a un cordero. Y lo único que le quedaba al pastor por salvar eran dos piernas y un trozo de oreja. No importaba lo mal que estuviera el cordero ni que lo que quedaba pareciera digno de salvar; el pastor luchaba por lo que quedaba. Para él, los restos eran significativos. Le importaban. Tenían un propósito. Merecía la pena rescatarlos.

Si estás dolido, aplastado por los problemas o atravesando un conflicto familiar, no está todo perdido. Quizá no tengas lo que solías tener. Puede que la vida parezca distinta. Pero no estás acabado.

Si aún tienes un oído para oír y una pierna sobre la que apoyarte, puedes pararte sobre la Palabra de Dios.

Si aún tienes un oído para oír y una pierna sobre la que apoyarte, puedes pararte sobre la Palabra de Dios. Puedes encontrar esperanza en la promesa de que *"aunque tu principio haya sido pequeño, tu postrer estado será muy grande"* (Job 8:7 RVR 60).

Cuando el infierno intente diezmar tus relaciones con tus seres queridos, es fácil dejar que las excavadores vengan y derriben las paredes que apenas se mantienen en pie. Pero recuerda que eres un Hombre de los Monumentos. Eres una Mujer de los Monumentos. Te pones en pie y peleas por lo que queda.

Quizá mires a tu familia hoy y veas un hogar asolado por la guerra. Pelea por lo que queda.

Si aún te duele el divorcio que desesperadamente has intentado detener, pelea por lo que queda.

Si uno de tus hijos murió en un accidente de tráfico horrible, pelea por lo que queda.

Si una tragedia sin sentido ha intentado robar toda la esperanza de tu corazón, pelea por lo que queda.

> **El milagro no está en lo que se perdió. El milagro está en lo que te queda.**

¿Sabías que las murallas que construyó Nehemías siguen de pie hoy día? Así de importante es pelear por tu familia. Pelea. Ora. Ayuna. Y sigue haciéndolo. Si no te rindes con tu familia, tus muros permanecerán durante generaciones. Pelea por lo que queda, y Dios peleará por ti.

Vuelve a hablar. Vuelve a orar. Vuelve a intentarlo. Perdona otra vez. Vuelve a acercarte. Sal a cenar de nuevo. Rehúsa rendirte. Rehúsa permitir que la depresión, la preocupación, la ansiedad y la frustración venzan. Llena tu valle con oración. Llénalo de alabanza. Llénalo de las Escrituras.

El milagro no está en lo que se perdió. El milagro está en lo que te queda.

LA **GRAN** IDEA

Lucha por tu familia.

CAPÍTULO DOCE

AMA A DIOS COMO SI NUNCA TE HUBIERAN HERIDO

Cuando un compañero de trabajo que resultó ser cristiano le preguntó a Wayne Caston si se iba a comer con él un día, parecía que surgió de la nada. Lo que el hombre le dijo a Wayne mientras comían fue más extraño aún.

"Dios me habló en mi corazón y me dijo que te dijera: 'Todo va a salir bien'".

Wayne no estaba seguro de a qué se estaba refiriendo su compañero con esto. Tan solo asintió y dijo: "De acuerdo. Bueno, gracias por lo que sea eso".

Unas semanas después, lo entendió.

La mañana del Domingo de Resurrección de 2007, Wayne y su esposa, Debbie, estaban preparando a su familia para ir a la iglesia. Las cestas de Pascua ya se habían desenvuelto, para el deleite de Ross, de ocho años, y Claire, de once. Para Charles, de dieciocho años y en su último año de escuela secundaria, no fueron los conejos de chocolate y los caramelos de gelatina lo que provocó su emoción. Era el nuevo palo de golf que había junto a su bolsa. Con la idea de asistir a la Universidad Young Harris con una beca académica en el otoño, Charles había estado trabajando en su golpeo con la esperanza de poder entrar en el equipo de golf de la universidad. Este palo era el que siempre había deseado.

Charles acababa de regresar a casa de las vacaciones de Semana Santa tarde la noche anterior. "Quédate en casa", le habían dicho sus padres temprano por la mañana. "Has estado conduciendo toda la noche. Debes estar agotado. Acuéstate otra vez y descansa".

Charles se rió. "¡Es Semana Santa! Por supuesto que voy con todos ustedes a la iglesia".

Debbie se puso al volante del SUV esa mañana, y Claire saltó al asiento del acompañante. Con una taza de café caliente humeando en su mano, Wayne se subió al asiento trasero junto a Ross. Charles fue el último en entrar, y Wayne decidió dejarle el asiento de la ventanilla a su hijo mayor, apretándose entre sus chicos atrás.

Llevaban diez minutos conduciendo de camino a la iglesia, cuando Debbie observó a un automóvil salir disparado saltándose una señal de PARE para entrar a la autopista, el cual se dirigía justo hacia ellos. Ella giró bruscamente para evitar la colisión, pero el otro automóvil chocó a toda velocidad contra el asiento del acompañante del vehículo de los Caston. El SUV perdió el control y dio varias vueltas de campana hasta que se detuvo sobre el lado del conductor.

En el impacto, todos los miembros de la familia salvo Wayne y Charles salieron despedidos del vehículo. Wayne recuerda mirar a su hijo, cuya cabeza ahora descansaba en el asfalto de la autopista, ya que la ventanilla que había a su lado había estallado. Los ojos de Charles estaban cerrados y no respondía. Wayne no veía sangre en su cabeza, y pensó que era una buena señal.

Aturdido por el impacto, Wayne se las arregló para salir del vehículo destrozado para buscar a su esposa y a sus otros dos hijos. Encontró a Claire sentada junto al SUV. Ella estaba viva, pero su pierna izquierda estaba destrozada desde la rodilla hasta el pie. "Tenía al aire todo el interior de su pierna", me dijo Wayne. "Podía ver sangre, tejidos, tendones, huesos".

Encontró a su esposa tumbada en la carretera, consciente, pero quejándose de dolor. Ross estaba más lejos, su cuerpo tumbado sobre la línea blanca de la autopista. Estaba sangrando, pero no parecía tener nada roto. "¿Estás bien, Ross?", preguntó Wayne, aún confuso. Ross se las ingenió para mostrar una ligera sonrisa y responder: "Hola, papá".

Cuando Wayne regresó al vehículo para comprobar cómo estaba su hijo mayor, la escena del accidente estaba repleta de miembros de la iglesia bautista del otro lado de la autopista que habían visto u oído el accidente. Los servicios de emergencia también habían llegado y comenzaron a trabajar activamente en las víctimas. Wayne recuerda a un paramédico que le dijo en un momento que Charles estaba vivo, que podía detectar un ligero latido. Pocos minutos después, le preguntó al mismo paramédico cómo iba su hijo. Esta vez, el joven no dijo nada. Tan solo movió la cabeza.

Wayne sabía lo que quería decir. Charles estaba muerto.

"Al saber que mi hijo se había ido", me dijo Wayne, "y ver a los demás miembros de mi familia tirados en la autopista en algún lugar, sangrando, me derrumbé. Todo se volvió gris en ese momento. Me senté en el suelo y me quedé mirando fijamente al bosque. Estaba más roto de lo que jamás imaginé que podía estar".

A Ross y Claire se las llevaron en helicóptero a Egleston Children's Hospital en Atlanta. Después, los paramédicos les dijeron a Debbie y Wayne que pensaban que ninguno de ellos podría sobrevivir. El cráneo de Ross estaba abierto y su cerebro sangrando. Claire se empezó a poner gris en el helicóptero por una gran pérdida de sangre. Si, y ese fue un gran *si*, vivía, la amputación de la pierna parecía inevitable. En el hospital, les pusieron en salas separadas en la Unidad de Cuidado Intensivo. Nadie esperaba que pudieran sobrevivir a esa noche.

Debbie tenía una fractura en el cráneo y había entrado en coma. A Wayne, que sufría daños menores en su cabeza y su espalda, le llevaron con ella al hospital local. Al evaluar los daños, los doctores le dieron a Debbie un 50 por ciento de probabilidades de seguir con vida. Wayne recuerda la llegada de sus suegros al hospital y preguntar dónde estaba Charles.

"No dije nada", me dijo Wayne. "Sabía dónde estaba, pero no podía decir en voz alta que estaba muerto. No podía admitírselo aún a nadie. Aún no parecía real".

Nunca se me olvidará entrar en la sala de emergencias con Cherise y preguntarle a Wayne cómo estaba. Nos miró, con el corazón roto, la cara magullada y manchada de sangre. Con lágrimas brotando de sus ojos, citó Job 1:21. *"El Señor me dio lo que tenía, y el Señor me lo ha quitado. ¡Alabado sea el nombre del Señor!"*.

El martes, Debbie se despertó de su coma. Llena de una tristeza indescriptible al oír las noticias de que su primogénito había fallecido y que sus otros dos hijos estaban en otro hospital luchando por sus vidas, oró por primera vez en días. "Me dolía que no pude orar mientras estuve en coma", dice ella. "Pero me animó tremendamente oír que durante ese tiempo, los pasillos se llenaron de hombres y mujeres de rodillas orando por nuestra familia".

Los doctores le dieron el alta del hospital el viernes para poder enterrar a su hijo al día siguiente. Recuerdo oficiar el funeral. Asistieron cientos de jóvenes. Incluso mediante una horrible tragedia, muchas vidas fueron tocadas por el Señor ese día.

Wayne salió del hospital el miércoles para ver a Claire y Ross. Como él también había estado hospitalizado, era la primera oportunidad que había tenido de ver a sus hijos. Milagrosamente, el cirujano plástico que operó a Claire pudo salvar su pierna. Esta maravillosa niña ha tenido doce operaciones hasta la fecha, cinco en la primera semana solo para quitarle trozos de hierba, grava y cristales incrustados en su pierna. Ha sido un camino difícil hasta la recuperación. Aunque casi muere en el hospital y aún tiene problemas médicos con la pierna, está viva y bien.

Debbie dice: "No hay un dolor más profundo que perder a un hijo. Cuando supe que Charles había muerto, sentí como si el diablo me hubiera clavado una horqueta y la hubiera retorcido una y otra vez en mi corazón. Durante mucho tiempo después del accidente, sentí que mi vida seguía adelante con todos los demás, pero yo estaba estancada en una bicicleta estática, pedaleando furiosamente, pero sin ir a ningún lado".

Wayne me dijo algo que siempre estará conmigo: "Una de las cosas más duras que recuerdo fue tener que planchar la ropa con la que Charles iba a ser enterrado. Lloraba y lloraba mientras intentaba quitar todas las arrugas. Siempre he confiado en Dios, pero durante este tiempo la pregunta '¿Por qué?' vino a mi mente muchas veces. ¿Por qué hizo Dios tantos milagros como los que hizo ese día, como salvar la pierna de Claire, y no salvó a Charles? ¿Por qué no pudo hacer un milagro más?

"La verdad es que nunca sabremos por qué nos ocurrió esta terrible tragedia. Debemos confiar en la omnisciencia de Dios mientras estamos en la tierra. Las Escrituras nos dicen que el Señor no nos dará más de lo que podamos resistir, pero yo puedo decir que estábamos al borde del precipicio asomando las puntas de nuestros pies".

Lo que más me ha asombrado de la familia Caston es que en medio de la indescriptible tragedia, pérdida y sufrimiento, se han aferrado a su fe. Su amor por Dios fue inconmovible. Debbie me dijo: "Dios nunca prometió que no nos sucederían cosas malas, pero sí prometió caminar con nosotros en los tiempos difíciles. Aunque nuestras vidas han cambiado para siempre, el amor de Dios es para siempre. Yo sacaba fuerzas de Él cada día". Ella me habló de un diario que guardó durante ese tiempo en el que escribió ejemplos de la fidelidad de Dios. "La forma en que Él nos inundó de amor, especialmente a través de otras personas que oraban por nosotros, proveyendo para nuestras necesidades y animándonos, era irreal".

Aunque fue un camino largo y doloroso hasta la sanidad, Wayne aprendió a amar y confiar en Dios en medio de todo. "Nuestra familia ha pasado y sigue pasando por un sufrimiento incesante", me dijo. "Es como si fuera una constante batalla cuesta arriba a veces. Romanos 8:28 (RVR 60) dice: *'Y sabemos que a los que aman a Dios, todas las cosas les ayudan a bien, esto es, a los que conforme a su propósito son llamados'*. Nosotros cada día recordamos ese versículo.

"Mediante esta tragedia, mi esposa y yo nos hemos acercado mucho más a Dios. Hemos tenido que permanecer conectados a Él. No creo que tuviéramos otra opción. Puedo decir en verdad que ahora confío en Dios más que nunca. Cuando ocurren cosas así, uno se da cuenta de lo delicada que es la vida y lo rápido que las cosas pueden cambiar. Nuestro tiempo en la tierra es corto. Este no es nuestro destino final. Sé que veré otra vez a Charles, y estaré con él en el cielo mucho más tiempo del que estuve aquí con él en la tierra".

Los milagros en su viaje de fe continuaron. Claire escribió las bellas palabras siguientes en su redacción de solicitud a la universidad:

> Aunque continúo llevando solo pantalones en público, escondiendo mis cicatrices en un intento de evitar el ridículo y la confrontación, sé que Dios me salvó la vida por un propósito mayor, y estoy trabajando diligentemente para cumplir mi llamado. Me estoy recuperando y empezando de nuevo con una esperanza mayor.

El Dios pródigo

Pienso en lo que Wayne me dijo: "Siempre he confiado en Dios, pero durante este tiempo la pregunta '¿Por qué?' venía mucho a mi mente".

Yo no he pasado por lo que pasó Wayne, pero entiendo su pregunta. No que mi amigo estuviera enojado con Dios, pero honestamente me pregunto cómo puede alguien no enojarse con Dios en medio de una tragedia de esa magnitud.

A veces es como si Dios fuera un Dios pródigo, cuando no hace cosas ni actúa de la forma que pensamos que debería. Cuando pensamos en Dios, a menudo le imaginamos siempre animando y siendo milagroso, pero hay veces en la vida en las que actúa de modo totalmente distinto. Como cuando el milagro no se produce. O cuando la tragedia viene a llamar a nuestra puerta. O cuando guarda silencio.

El caminar cristiano es un maratón, no una carrera de cien metros. Si llevas un rato, pasarás por épocas de desánimo e incluso desesperación.

¿Y entonces qué? ¿Nos rendimos? ¿Abandonamos nuestra fe? ¿Decidimos creer que no hay plan o propósito para nuestra vida o la prueba por la que estamos pasando?

Por supuesto que no. Amamos a Dios como si nunca nos hubieran herido.

La meta número uno del enemigo es conseguir que te enojes con Dios. No lo hagas. Confía en Dios. Ama como si nunca te hubieran herido. José lo hizo. Y también Jesús. Hechos 14:22 nos dice que *debemos sufrir muchas privaciones para entrar en el reino de Dios*. No vas a ir al cielo sin tribulación.

A veces la vida pasa de ser mala a insoportable. Ya estamos llenos de estrés cuando algo más viene y nos golpea.

Tengo buenas noticias: cuando la vida pase de mala a insoportable, hay un milagro esperando.

> **La meta número uno del enemigo es conseguir que te enojes con Dios. No lo hagas. Confía en Dios. Ama como si nunca te hubieran herido.**

Verás, nuestro enemigo tiene un defecto. No dejará que las cosas sean lo suficientemente malas. A veces sigue empujando y empujando tanto, que nos empuja directamente hasta los brazos de Dios. El diablo es su propio gran enemigo porque está constantemente exagerando su mano. A veces estamos tan presionados que finalmente nos damos cuenta de que tenemos que hacer algo. Tenemos que orar. Tenemos que comenzar a ir a la iglesia. Tenemos que recibir consejería. Tenemos que comenzar a amar a Dios como si nunca nos hubieran herido.

Quizá Dios no haya sido tu primera opción, pero se ha convertido en tu última oportunidad.

José tuvo un sueño de Dios en el que sus hermanos y padres iban a postrarse ante él. Y entonces todo empezó a ir mal. Fue abandonado por sus hermanos y dio un paso atrás. Fue vendido como esclavo y dio otro paso atrás. Fue falsamente acusado de violación y arrojado en la cárcel. Más pasos hacia atrás. Cuando finalmente se sentó, había un trono debajo de él.

Puede que estés destrozado por una pérdida o crisis en tu familia, pero Dios va a llevarte donde te dijo que te iba a llevar. No importa si estás avanzando hacia ello o retrocediendo.

Si tu mal se ha convertido en insoportable, es tiempo de que ocurran buenas cosas. Es tiempo para la liberación. Es el tiempo de un milagro.

Cree la promesa

¿Cuándo fue la última vez que abriste una galleta de la fortuna y leíste el mensaje en el papelito que había dentro? Probablemente te encontraste con el trabajo de Donald Lau, un exitoso escritor de galletas de la fortuna (no estoy bromeando).

Durante treinta años Lau trabajó para Wonton Food Inc., el mayor productor de galletas de la fortuna. Lau escribía unos dos o tres axiomas al día. Se esforzaba por escribir sabiduría, inspiración y sensatez en una frase de unas diez palabras. Eso no debe ser fácil de hacer.

Era exbanquero, y Lau comenzó a trabajar para Wonton Food en la década de 1980. El papel de escritor de galletas de la fortuna cayó sobre él porque de todos los empleados de la compañía, su inglés era el mejor. Tras crear unas pocas fortunas al día durante tres décadas, sus procesos creativos comenzaron a ir más despacio. El bloqueo del escritor llegó, y Lau comenzó a escribir tan solo dos o tres fortunas al mes.

En 2016, Lau, que también trabaja como vicepresidente y director financiero, dejó su papel como escritor de galletas de la fortuna. Él espera que el legado continúe y su misión de hacer que los clientes "se sientan mejor" continúe a lo largo de nuevas generaciones.[1]

Este hombre, que afirma ser el autor más leído de los Estados Unidos, dijo: "No creo que las galletas de la fortuna se deban utilizar como los horóscopos. Es una forma de terminar una comida en un restaurante chino y estar contento cuando te vas".[2]

¿Alguna vez has oído a alguien decir: "Yo quiero una palabra del Señor"? Quizá tú mismo lo has dicho. La palabra que queremos recibir es por lo general algo que nos dé esperanza y ánimo, como uno de los papeles que sacas de una galleta.

"Serás bendecido".

"Las cosas pronto cambiarán para mejor".

"Encontrarás una gran suma de dinero".

"La felicidad será tuya".

¿Qué pasaría si abrieras una galleta de la fortuna y en su lugar dijera esto?

"Seguirás soltero cinco años más".

"Probablemente perderás tu empleo el mes que viene".

"Tu esposo nunca regresará a casa".

"Te vas a enfermar".

"No conseguirás el ascenso".

Nadie quiere escuchar mensajes como estos. Y aún así, la vida es dura. Ganamos, perdemos. Amamos, nos hieren. Triunfamos, nos caemos.

Hacemos lo correcto y seguimos experimentando pruebas, pérdidas, divorcios, bancarrota, abandono, muerte y decepción.

No sé por qué suceden cosas malas. Puede que Dios no responda a tu porqué. Algunos puede que no sepamos el propósito de nuestro dolor hasta que lleguemos al cielo.

> **Cuando estás en una crisis, Dios no lo está.**

Esto es lo que te puedo decir: cuando estás en una crisis, Dios no lo está. Cuando estás bajo otra ola de depresión, Dios no lo está. Cuando estás perdido en un valle y no tienes ni idea de qué hacer, Dios no ha desaparecido. Él sigue siendo el sanador. Él sigue siendo el libertador. Y Él sigue obrando un plan para tu vida.

Solo porque no entiendas el camino por el que vas viajando no significa que Dios no te esté guiando. Puede que no nos dé respuestas, pero siempre nos dará una promesa.

Decide confiar en Él. Decide creer:

Él te consolará en todos tus problemas (ver Salmos 23:4).

Dios suplirá todas tus necesidades (ver Filipenses 4:19).

Él convertirá tu oscuridad en luz y enderezará tus caminos torcidos (ver Isaías 42:16).

El gozo viene con la mañana (ver Salmos 30:5).

Dios no te abandonará (ver Salmos 9:10).

Él te devolverá los años que el enemigo ha destruido (ver Joel 2:25).

Ningún arma forjada contra ti prosperará (Isaías 54:17).

Y si me fuere y os preparare lugar, vendré otra vez, y os tomaré a mí mismo, para que donde yo estoy, vosotros también estéis.

Juan 14:3 (RVR 60)

No sé tú, pero a mí me consuela más y tengo más fe en las promesas de Dios que en las promesas del gobierno, el mercado de valores, las redes sociales, los doctores o los supuestos expertos en cualquier campo.

Cuando miro atrás, veo veces en que parecía que todo funcionaba perfectamente y se rebasaban mis expectativas. Hubo otros momentos en los que nada salía bien, y tuve que levantar el brazo mientras estaba en lo más bajo.

No importa cómo sea la tormenta, la clave es seguir amando y confiando en Dios. Cuando pasas tiempo en oración y leyendo su Palabra, estarás equipado para manejar la crisis y permanecer firme en tiempos de prueba. Comenzarás a amar a Dios como si nunca te hubieran herido.

A Job le iba todo bien cuando llegó la catástrofe, y él escogió creer: *"He aquí, aunque él me matare, en él esperaré"* (Job 13:15 RVR 60).

Enséñales a los ángeles un par de cosas

La mayoría de ustedes conocen la historia de Job. Por antojo del diablo, la riqueza de este hombre fue destruida, sus hijos muertos, su reputación manchada por sus propios amigos, y su esposa prácticamente le dejó.

Mientras las dudas y las interrogantes se entrelazaban con el inmenso dolor, Job tenía que tomar una decisión: maldecir a Dios y morir, o seguir confiando en Él.

Job decidió amar a Dios como si nunca le hubieran herido. En esencia, dijo: "No tengo respuestas para lo que me está ocurriendo, pero voy a adorarte a pesar de todo, porque tú estás en control". Ahora bien, Job no estaba ciego a las tragedias que le estaban ocurriendo. Por favor, entiende que fue probado en la aparente ausencia de Dios. *"Viajo al oriente buscándole, pero no encuentro a nadie; después al occidente, pero no hay rastro;*

voy al norte, pero ha borrado sus huellas; después al sur, pero no hay ni un destello". (Job 23:8 The Message, traducción libre).

Aún así, él adoró: *"Pero en cuanto a mí, sé que mi Redentor vive"* (Job 19:25).

Job pudo enseñar a los ángeles un par de cosas sobre la adoración.

Permíteme explicarme: los ángeles fueron programados por Dios para adorarle. Cuando Lucifer, el mandamás de los ángeles, le dio la espalda a Dios y dejó el trono del cielo, un tercio de los ángeles le siguieron. Los ángeles que permanecieron subieron el volumen un grado y comenzaron a alabar a Dios a un nivel mayor. Como Job, tuvieron que tomar una decisión. Podían haber seguido al enemigo, pero en vez de eso decidieron servir a Dios.

> **Una cosa es adorar por obligación, y otra cosa es decidir adorar porque uno lo desea profundamente.**

De algún modo pienso que su cantar fue incluso más dulce para su Creador. Una cosa es adorar por obligación, y otra cosa es decidir adorar porque uno lo desea profundamente.

Cuando la sangre de Jesús nos limpia, la Biblia dice que estamos enseñando a los ángeles en base a cómo manejamos las crisis y las pruebas, los buenos tiempos y los malos tiempos de nuestra vida: *"para que la multiforme sabiduría de Dios sea ahora dada a conocer por medio de la iglesia a los principados y potestades en los lugares celestiales"* (Efesios 3:10 RVR 60).

Estamos enseñando a los ángeles cómo adorar. Estamos enseñando a los ángeles la multiforme sabiduría de Dios.

Los ángeles nunca han sentido la adversidad en el ámbito humano. Nunca han sentido hambre. Nunca se han divorciado. Nunca han batallado en sus relaciones. Nunca han perdido un empleo.

Aunque tú y yo adoramos en un mundo caído, los ángeles adoran en una atmósfera santa y perfecta. Cuando decidimos en tiempos de prueba alabar a Dios, estamos enseñando a los ángeles.

La Biblia nos dice que Dios habita en las alabanzas de su pueblo (ver Salmos 22:3). Hay algo en el poder de la alabanza. Cuando parezca que estás perdiendo, alaba al Señor. Cuando estés en el valle, alaba al Señor. Cuando no sepas lo que vas a hacer, alaba al Señor. Cuando te canses, sigue alabando al Señor.

¿Quieres amar a Dios como si nunca te hubieran herido? Comienza a alabarle.

Sigue apoyándote

Escuché una historia hace años.

Un pastor de una pequeña iglesia rural terminaba cada reunión pidiendo a uno de los miembros de la iglesia que se pusiera en pie e hiciese una oración de despedida. Cuando llamaba a un granjero en específico, el hombre siempre oraba de la forma más extraña: "Oh, Señor, apóyanos en nuestro lado inclinado". No importaba cuál fuera el tema que el pastor predicara, la oración de este granjero siempre era la misma. Finalmente, el pastor no aguantó la curiosidad: "¿Por qué siempre oras diciendo lo mismo?", le preguntó al granjero.

El hombre respondió: "Verá, señor, es algo así. Yo tengo un establo ahí atrás. Ha estado ahí durante mucho tiempo. Ha soportado muchas inclemencias climatológicas, ha sufrido muchas tormentas y ha permanecido en pie con el paso de muchos años. Sigue estando de pie. Pero un día me di cuenta de que se estaba inclinando un poco hacia un lado, así que fui y conseguí algunos postes y los apoyé en su lado inclinado para que no se cayera.

"Después me puse a pensar en lo parecido que era yo a ese viejo establo. Llevo por aquí mucho tiempo. He soportado muchas tormentas de la vida, y he sufrido muchas condiciones climatológicas adversas en la vida.

He soportado muchos tiempos difíciles, y sigo de pie también. Pero veo que me inclino hacia un lado de vez en cuando, así que me gusta pedirle al Señor que me apuntale en mi lado inclinado".

Imagino que muchos de nosotros de vez en cuando nos inclinamos. A veces nos inclinamos hacia el enojo, nos inclinamos hacia la amargura, nos inclinamos hacia el rencor, nos inclinamos hacia la vergüenza y la condenación, nos inclinamos hacia muchas cosas que no deberíamos. Así que necesitamos orar: "Señor, apuntálanos en nuestro lado inclinado, para que estemos erguidos y firmes de nuevo para glorificarte".

> **Señor, apuntálanos en nuestro lado inclinado, para que estemos erguidos y firmes de nuevo para glorificarte.**

Si alguna vez has estado en un huracán, sabrás lo poderosas que son las tormentas. Los huracanes pueden tener un diámetro entre seiscientos cincuenta y ochocientos kilómetros, vientos con velocidades de hasta trescientos veinte kilómetros por hora; la tormenta llega a más de cuatro metros y medio de altura y lluvias de hasta un metro. El daño que los huracanes hacen cuando tocan tierra puede ser astronómico. Los árboles son arrancados. Los edificios se derrumban. Ciudades enteras quedan inundadas por el agua.

Incluso más fascinante que la cruda violencia de los huracanes son dos de sus componentes: el ojo del huracán y la pared del ojo. La pared del ojo es una zona de nubes verticales que rodean el ojo, que es el centro de la tormenta. La pared del ojo es lo que produce los aspectos más violentos del huracán, los vientos más violentos y las lluvias. Por el contrario, el ojo del huracán está en calma. Con una extensión de entre 32 y 65 kilómetros, esta zona está principalmente libre de nubes.

Verás, Dios no hace que desaparezcan todos nuestros problemas, al menos no lo rápido que nos gustaría que lo hiciera, pero Él nos promete paz en medio de ellas. Él te apuntalará. Más tarde o más temprano, vas a sentir la fuerte violencia de la madre naturaleza espiritual, y cuando estas tormentas lleguen, observa dónde empiezas a apoyarte.

Mientras lees este libro, quizá te estés apoyando donde no deberías. Quizá hace mucho tiempo que no sientes a Dios. Tal vez estás tan abrumado por la pérdida, el dolor o la aflicción que no te estás apoyando en Él, sino en una adicción, una debilidad o en el rencor. Quizá estás bebiendo. Quizá estás viendo pornografía. Tal vez te estés regodeando en la amargura. Sea lo que sea en lo que te estés apoyando que no sea Dios, hará que tu corazón se endurezca.

Dios no promete llevarse nuestros problemas o nuestras pruebas, pero sí nos promete paz en medio de ellas. Jesús puede impedir que los vientos, la lluvia y las olas te traguen, pero solo si le dejas que te apuntale.

Judas 1:24 dice: "*Y ahora, que toda la gloria sea para Dios, quien es poderoso para evitar que caigan, y para llevarlos sin mancha y con gran alegría a su gloriosa presencia*".

Dios sabe lo que estás pasando. Él sabe cuáles son tus temores. Él sabe lo que estás sintiendo. Ya sea que estés batallando con un cáncer, o la depresión, o la pérdida de un ser querido, Dios no te dejará caer en la oscuridad. Cuando tu matrimonio, tu casa o tu familia se esté inclinando por algo que vino a ti como un huracán, deja que Dios te apuntale. Dios no te dejará caer. Así es como tú le amas como si nunca te hubieran herido.

Puede que hoy estés inclinado, pero no te vas a caer.

Los vientos van soplando de casa en casa, de hogar en hogar, de familia en familia, de relación a relación. ¿Cómo vas a soportarlo? Este versículo en Cantares de Salomón me da esperanza: "*¿Quién es ésta que sube del desierto, recostada sobre su amado?*" (Cantar de los Cantares 8:5 RVR 60).

¿Estás tú en el desierto? Apóyate en Dios, tu amado, y Él te sacará de ese lugar. Él te apuntalará sobre tu lado inclinado como lo hizo con la familia Caston. Leí en algún sitio que el 80 por ciento de las parejas se divorcian después de la pérdida de un hijo. Debbie y Wayne no son parte de ese número. No ha sido fácil, pero han aprendido a apoyarse en Dios mientras trataban con un dolor indescriptible.

Wayne me dijo: "Pasamos por esta tragedia juntos; ¿por qué no vernos el uno al otro como vencedores? Es fácil irse, pero nosotros hicimos un compromiso con Dios, y tenemos la intención de cumplirlo. Dios hizo muchos milagros ese día, y si estuvo dispuesto a hacerlo con nosotros, estará dispuesto a hacerlo con cualquiera. No pasa ni un solo día en el que no pensemos en Charles y la bendición que fue y es para nuestra familia".

Tres palabras de aliento

Yo no sé por lo que estás pasando hoy. Solo sé que has avanzado demasiado como para desmoronarte, caerte, derrumbarte o rendirte.

Me gustaría animarte con tres verdades:

1. Lo estás haciendo mejor de lo que piensas.

2. Eres más importante de lo que piensas.

3. No te canses de Dios, porque Él nunca se cansó de ti.

Lo estás haciendo mejor de lo que piensas.

Seguro que tienes dificultades. Quizá te cueste reconciliarte con un ser querido. Puede que estés luchando con el rencor. Quizá no seas o estés donde deberías estar, pero no te rindas. Llegarás donde Dios quiere que estés por su gracia.

Lo estás haciendo mejor de lo que piensas.

Eclesiastés 3 describe 28 tiempos y etapas de la vida. Hay un tiempo para nacer, un tiempo para morir, un tiempo para reír, un tiempo para llorar, un tiempo para bailar, un tiempo para hacer duelo, etc. El único tiempo que no veo en este pasaje es el tiempo para rendirse.

No hay tiempo para rendirte en tu vida.

Esta semana puede que te hayan dado el peor diagnóstico que podrías imaginar. Pero estás leyendo este libro por una razón. Quieres cambiar. Quieres amar como si nunca te hubieran herido. Algo en ti está diciendo: *Aunque me caiga, me caeré hacia delante, y voy a perseguir a Dios.*

Lo estás haciendo mejor de lo que piensas.

Eres más importante de lo que piensas.

Es fácil desanimarse cuando llegan los problemas e intentas hacer lo correcto. Quizá te preguntes qué diferencia hacen tus esfuerzos o tus oraciones. Antes de que pienses en tirar la toalla, recuerda que eres más importante de lo que piensas.

Imagínate que tienes en tus manos un billete de cien dólares expedido por la Tesorería de los Estados Unidos. La Tesorería ha establecido el valor de ese billete en cien dólares. Digamos que compras algo en el supermercado con él. El billete llega a manos de una persona corrupta que soborna a alguien en un mal negocio; después llega al bolsillo de un traficante de drogas; después llega a manos de una prostituta. Finalmente, de algún modo, regresa a tus manos.

¿Cuál es el valor del billete ahora? ¡Sigue siendo de cien dólares! El valor de un billete de cien dólares no cambia, al margen de dónde haya estado o lo que haya pasado con él, porque su creador dice que vale cien dólares.

Sea cual sea tu dolor, tu pérdida o tu pecado, sigues siendo la persona valiosa que Dios creó. ¡Eres más importante de lo que piensas!

> **Sea cual sea tu dolor, tu pérdida o tu pecado, sigues siendo la persona valiosa que Dios creó.**

Juan el Bautista fue un predicador pionero. Antes de que Jesús entrara en escena, Juan les dijo a todos que Jesús venía. Después, tuvo la increíble oportunidad de bautizar a Jesús e incluso oír la voz de Dios diciendo de Jesús: "Este es mi Hijo amado, en quien tengo complacencia".

Años después, Juan se vio en prisión, solo y muy desanimado. Este hombre había pagado un precio por hacer lo que Dios le llamó a hacer, y en el proceso, fue rechazado. Las personas se burlaban de él. Las personas le llamaban loco. Ahora estaba en prisión, esperando a ser ejecutado. Probablemente a la espera de una palabra de ánimo del hombre acerca del que había profetizado, Juan envió a dos de sus discípulos a que le hicieran una pregunta a Jesús.

"Pregúntenle si él es el Mesías que esperamos, o si deberíamos esperar a otro".

El proceso mental de Juan suena muy parecido a esto: *¡Me siento un gran perdedor! ¿Me he estado sacrificando, trabajando y entregándome para que se burlen de mí y me torturen para nada? ¡Será que no estoy haciendo todo bien como para llamar la atención de Dios!*

La respuesta de Jesús a la pregunta de Juan es interesante. Él les da a los discípulos de Juan esta respuesta: "Cuéntenle a Juan todas las sanidades y las vidas cambiadas que se están produciendo por mí. Y decidle que no se ofenda" (ver Mateo 11:2-6).

Dudo que estas palabras le aportaran a Juan el ánimo que deseaba o esperaba. Pero el asunto es que eso no es todo lo que Jesús dijo. Cuando los mensajeros se fueron, Jesús se volvió a la multitud a la que estaba predicando y dijo:

> *«¿A qué clase de hombre fueron a ver al desierto? ¿Acaso era una caña débil sacudida con la más leve brisa? ¿O esperaban ver a un hombre vestido con ropa costosa? No, la gente que usa ropa costosa vive en los palacios. ¿Buscaban a un profeta? Así es, y él es más que un profeta. Juan es el hombre al que se refieren las Escrituras cuando dicen: "Mira, envío a mi mensajero por anticipado, y él preparará el camino delante de ti".*
>
> *»Les digo la verdad, de todos los que han vivido, nadie es superior a Juan el Bautista.*

Mateo 11:7-11

Nadie es superior a Juan el Bautista.

¡El profeta nunca escuchó a Jesús decir estas palabras! Pero seguían siendo ciertas. Jesús estaba diciendo: "Juan, si tan solo pudieras ver lo que yo veo, entenderías que eres más importante de lo que piensas".

Dios dice lo mismo de ti hoy. Eres importante. No eres un fracaso. No eres débil. No eres un perdedor. No eres insignificante.

Eres importante.

Importas más de lo que piensas.

No te canses de Dios, porque Él nunca se cansó de ti.

Hace algún tiempo casé a un miembro de mi familia con una mujer maravillosa. Esta pareja intentó durante años tener hijos, pero no pudieron. Finalmente, decidieron adoptar un niño de China. Gastaron miles de dólares y cientos de horas dedicadas a la burocracia para conseguirlo.

Finalmente llegó el día en que, por primera vez, cargaron a este precioso bebé en sus brazos. Estoy seguro de que para ese bebé fueron tan solo otro par de brazos, pero para esa mamá y papá, fue lo mejor del mundo. Acunaban a ese bebé conociendo de primera mano el dolor, las lágrimas y la angustia de la infertilidad. Tener ese bebé tenía más significado para ellos de lo que el pequeño podría imaginar nunca.

Se trata menos de ti de lo que piensas.

Yo solía preguntarme por qué Dios no aniquiló a Adán y Eva cuando pecaron. ¿Por qué no comenzó de nuevo? Ya sabes, vuelve a intentarlo.

Esta es la razón: Dios no está en el negocio de reemplazar a las personas dañadas. Dios está en el negocio de arreglar a las personas dañadas. Él no quiere deshacerse de nosotros, sino cambiarnos, sanarnos, transformarnos, vivir el mensaje de la cruz.

Se cuenta una historia sobre un hombre que estacionó a un lado de la carretera. Su vehículo se había averiado, y tenía el capó subido, intentando descubrir cuál era el problema. Una limusina se detuvo detrás de él, y salió un hombre. Vestido de la cabeza a los pies como un millonario, se acercó al conductor del vehículo averiado y le preguntó: "¿Necesita ayuda?". El hombre, claro está, dijo que sí. El hombre de la limusina toqueteó un poco el motor y, para sorpresa del otro hombre, el vehículo volvió a funcionar.

> **Dios no está en el negocio de reemplazar a las personas dañadas. Dios está en el negocio de arreglar a las personas dañadas.**

El propietario del vehículo estaba más que agradecido, y preguntó cuánto le debía.

Aunque hay muchas variaciones de esta historia, escuché una que incluía esta respuesta: "Nada. Soy Henry Ford. Soy el creador de este vehículo. Realmente me molesta cuando veo alguno averiado a un lado, sin hacer aquello para lo cual yo lo creé".

Dios no solo anda en su majestad y pasa de largo por nuestro lado de la carretera cuando estamos quebrantados. Él quiere detener todo lo que está haciendo y acudir a nuestro rescate. El Creador anhela redimir su creación.

A Dios le molesta verte sin vivir la vida para la que Él te creó. Él se alegra con gran gozo cuando te ve vencer, cuando te ve avanzar, cuando ve que tu fe crece.

No te canses de Dios, porque Él nunca se cansó de ti.

Confía en Él hoy. Ámale como si nunca te hubieran herido. Sea lo que sea por lo que estés pasando, lo que haya ocurrido, la pérdida o el dolor que sientas en tu corazón, este no es el momento de rendirte. Anímate. Si sigues confiando en Él, Dios no te dejará caer. Él no te dejará tropezar. Él no dejará que te tambalees. Él te sacará de tu desierto de pie.

LA **GRAN** IDEA

Ama a Dios como si nunca te hubieran herido.

CAPÍTULO TRECE

SIGUE ESCALANDO

Al enemigo le encanta usar fortalezas para impedirnos llegar al lugar al que Dios nos ha llamado. Las fortalezas de rencor, enojo y amargura son reales. Quiero enseñarte cómo derrotarlas en base al Antiguo Testamento.

Un momento poderoso en la historia y en las Escrituras lo tenemos capturado en el libro de 2 Samuel. David guió a sus hombres a lo que ahora se llama Jerusalén para luchar contra sus residentes: los jebuseos. Los jebuseos eran guerreros fuertes y poderosos. Y su ciudad estaba asentada en alto sobre un monte, una ciudadela que estaba firmemente fortificada por unas murallas impenetrables. Confiados en que ningún enemigo tendría éxito a la hora de atacarles, los jebuseos se burlaban de David y sus hombres. "¡Nunca conseguirán llegar hasta aquí!". Puedo oírles burlándose. "¡Pueden rendirse ya!".

Pero David descubrió su debilidad: un túnel de agua. Ordenó a sus hombres que golpearan subiendo por esa canaleta y sorprendiendo al enemigo al otro lado. La estrategia de David fue un éxito, y la fortaleza de Jerusalén fue capturada (ver 2 Samuel 5:6-10).

La importancia de este evento es que fue el momento en que la ciudad de Jerusalén comenzó a existir. Fue capturada por el pueblo de Dios y ungida para un propósito profético.

Lo interesante es que justo antes de que esto ocurriera, la nación de Israel estaba dividida entre los que seguían a David (la tribu de Judá) y los que reconocían al hijo de Saúl, Isboset, como rey (el resto de las tribus). Era como una guerra familiar. Hermano contra hermano. Pariente contra pariente.

La tribu de Judá nombró como su capital a Hebrón. Aunque David fue coronado rey en Hebrón, Dios tenía un propósito mayor para él; le dijo a David que fue ungido para reinar sobre toda la nación de Israel. Estaba destinado a unir a la familia.

Cuando las tribus se juntaron y unieron bajo el reinado de David, había llegado el tiempo. Creo que David sintió algo en su corazón, un profundo deseo de tomar esta ciudad impenetrable. Posicionado en el centro de las antiguas tribus guerreras, estaba destinada a ser la ciudad capital del reino unificado.

Lo que más me asombra de esta historia es que David pudo haberse conformado. Podía haberse quedado satisfecho con reinar finalmente sobre todo Israel en la ciudad de Hebrón. Podía haberse sentado en su trono y descansar, pero algo en él le llamó a subir más. Un sueño permanecía aún sin cumplirse.

> **El lugar donde estás no es tu destino final.**

Pudo oír en su corazón a Dios decir: *El lugar donde estás no es tu destino final.*

Verás, muchos años atrás, justo después que David mató a Goliat, hizo algo extraño. Llevó la cabeza del gigante, manchada de sangre, a la ciudad de los jebuseos. Me lo imagino clavándola en la punta de una lanza y poniéndola justo en las afueras de las murallas sobre una colina.

Creo que David estaba marcando su territorio, como si estuviera diciendo: "Estoy plantando aquí esta cabeza como aviso de que un día voy a volver, y tomaré esta ciudad para Dios, porque Dios me la ha entregado. Tengo fe para ello".

Años después, mirando fijamente a las mismas murallas de esta impenetrable ciudad, creo que David debió haber recordado ese impulso en su corazón. Él sabía que había un lugar mayor que en el que estaba. Lo recordó y actuó.

David y sus hombres estaban destinados a tomar esta ciudad. No era simplemente algo que querían hacer, sino una orden que venía directamente del trono de Dios. Unos cuatrocientos años después de que Dios mandara a los israelitas a tomar toda la tierra de Canaán, este era el único territorio que seguía sin ocupar. Aunque le pertenecía al pueblo de Israel, para el ojo no entrenado parecía impermeable. Imposible.

Dios no ha destinado que tu matrimonio o tu familia esté en conflicto. No ha destinado que tu relación se rompa. Él te ha destinado para la reconciliación. Dios te ha destinado para la victoria sobre tu matrimonio, sobre tu familia, sobre tus relaciones.

> **Dios te está llamando a un lugar más alto que en el que estás.**

La voluntad de Dios es que tu familia esté unida. Él quiere derribar muros que han causado división. Él quiere reconciliar las diferencias. Él quiere que ames como si nunca te hubieran herido.

Dios te está llamando a un lugar más alto que en el que estás.

Maldecir todas las fortalezas

Los jebuseos habían levantado una fortaleza, y derrotarlos no sería tarea fácil. A lo largo de su historia, los hijos de Israel habían oído las leyendas de los jebuseos: eran potentes, eran feroces, eran poderosos. Un aura de misterio les rodeaba.

Sabiendo lo fortificada que estaba su ciudad, los jebuseos se burlaban de David y sus hombres. Estaban tan confiados en su fortaleza, que se burlaban de los israelitas diciendo que incluso los ciegos y los cojos podrían impedir su entrada.

Esto es importante, porque era una afrenta personal a dos héroes de la fe en la historia de Israel. Los ciegos representaban a Isaac, que había perdido la vista cuando murió. Los cojos representaban a Jacob, que después de luchar con el ángel quedó lesionado y probablemente cojo para el resto de su vida.

Los jebuseos usaron la guerra psicológica contra los soldados hebreos. "Ustedes no pertenecen aquí. No son lo suficientemente poderosos. Vienen de los cojos y los ciegos. Conténtense con lo que ya tienen. Confórmense con Hebrón. Confórmense con el lugar en el que están y desistan de conseguir el lugar alto con el que sueñan".

¿Acaso el enemigo no es bueno presumiendo de nuestras debilidades en nuestra propia cara?

"Tú no tienes lo que piensas que tienes".

"Tu padre era un borracho. Tú también lo serás".

"Esta fortaleza ha estado en tu familia durante generaciones. No hay forma de que puedas derrotarla".

David sabía que tenía una lucha en sus manos. Cuando quieres vivir lo mejor de Dios, cuando deseas una familia en la que se amen los unos a los otros, se apoyen unos a otros y estén en paz unos con otros, tendrás que luchar hasta llegar ahí.

Parece que todos tenemos una tendencia natural a querer pelear. Mete a dos niños en una habitación vacía, dales un juguete, cierra la puerta y observa lo que ocurre. No tardarán mucho en comenzar a pelearse por él.

Pero nosotros no somos niños. Como cristianos que viven el reino, tenemos que aprender a pelear bien. Pablo escribió: "*Somos humanos, pero no luchamos como lo hacen los humanos. Usamos las armas poderosas de Dios, no las del mundo, para derribar las fortalezas del razonamiento humano y para destruir argumentos falsos"* (2 Corintios 10:3-4).

Me parece interesante que los elementos de la armadura que Dios nos ha dado, como vemos en Efesios 6, son defensivos. Incluyen la coraza de justicia, el yelmo de salvación y el escudo de la fe. El único arma ofensiva en nuestro arsenal espiritual es la espada del Espíritu, que es la Palabra de Dios. Cuando estás peleando por tu futuro o el futuro de tu familia, la única táctica ofensiva que necesitas es la Palabra. La Palabra siempre será suficiente.

Cuando el enemigo viene contra ti, es porque quiere algo. Él no solo se mete contigo por meterse; él va a por un botín. Va por ti. Va por tu esposa. Va por tus hijos. Quiere tomarte a ti y a los tuyos e infectarles de amargura, rencor, enojo y ofensa.

> **Conoce por lo que estás peleando.**

Conoce por lo que estás peleando.

La batalla más sucia = tu mayor victoria

Así que David y sus hombres estaban allí de pie delante de la montaña. Un área muy ancha sobre la cima se había allanado. Unos muros gigantescos rodeaban la ciudad. No había forma de entrar.

Entonces los ojos de David se fijaron en esa debilidad que mencioné al principio de este capítulo: un túnel de agua. Esto también se puede describir como una galería de agua o una alcantarilla. Y David se giró a su ejército y dijo: "El primero que suba por la alcantarilla…"

¿Alguna vez has limpiado las alcantarillas? Es un trabajo espantoso. Una vez que te pones esos guantes de goma gruesos que llegan hasta los codos, es el momento de comenzar a sacar un montón interminable de porquería y desechos. Sale el cieno y el fango, ramitas y hojas, restos de nidos de pájaros, y a veces incluso pequeños animalitos. Es asqueroso.

Por ahí es por donde David estaba dispuesto a subir. Él sabía que Dios tenía un plan mayor en mente. Sabía que Dios quería que él hiciera más que conformarse con reinar en Hebrón. Dios quería que tomase Jerusalén.

Dios le dijo a David: "Hebrón es lo que tú puedes hacer, pero Jerusalén es lo que solo yo puedo hacer. Y quiero que subas allí. No va a ser fácil. Va a ser un trabajo feo y sucio".

David tuvo que ascender por la alcantarilla. La victoria viene de los lugares más extraños.

El primero en llegar arriba fue un luchador llamado Joab. Él dijo: "Espero, he esperado este momento toda mi vida. Pónganse detrás de mí, granujillas. Voy a subir".

Y Joab comenzó a subir.

Cuando llegó al otro lado, te podrás imaginar toda la porquería y basura que le había salpicado. Se veía mal. Olía mal. Pero levantó su mano en victoria y dijo: "¡Dios nos ha entregado esta ciudad!".

David y sus hombres capturaron la ciudad de los jebuseos. Empapados, apestosos y sucios, conquistaron lo que les pertenecía legítimamente.

> **Las batallas más sucias de tu vida producirán las victorias más grandes.**

Quizá estés delante de una fortaleza en tu vida. Quizá estés intentando salvar tu matrimonio. Quizá estés intentando salvar una relación con un hijo adulto obstinado. Por muy grande o intimidante que sea la fortaleza, Dios puede hacerte libre. Él puede levantar a tu familia de las profundidades de la amargura, vergüenza o rencor.

No sé cuán sucia se ha vuelto tu pelea, pero sé que es el lugar donde Dios será más glorificado en tu vida. Es donde la unción llegará. Las batallas más sucias de tu vida producirán las victorias más grandes.

No te conformes

La batalla por Jerusalén se prodiga incluso en nuestros días.

A comienzos del siglo XX, Theodor Herzl, el visionario detrás del sionismo moderno, se embarcó en una búsqueda para establecer una tierra natal para el pueblo judío. En ese punto, estaban esparcidos por todo el mundo y no tenían un lugar que poder reclamar como suyo. En 1903, Herzl apeló a Gran Bretaña pidiendo ayuda. Ese mismo año, en el Sexto Congreso Sionista en Suiza, Herzl propuso el Programa para la Uganda Británica, desarrollado mediante negociaciones con los británicos. Llamaba al pueblo judío a reasentarse en más de 5.000 millas cuadradas (13.000 kilómetros cuadrados) en Uganda, África (ahora el Kenia de nuestros días).

La idea se recibió con una amarga controversia. Feroces y acalorados debates revelaron una oposición generalizada al plan. De hecho, la proposición casi divide al joven y apasionado movimiento sionista.

El Programa para la Uganda Británica era el plan B. El Plan A era que los judíos recuperasen su Tierra Santa. Algunos creían que deberían asentarse en Uganda y contentarse con lo que pudieran conseguir. Quizá recibirían su tierra más adelante, pero por ahora seguirían con el Plan B.

Otros rehusaban el plan B por completo. Eso no era lo que Dios había prometido al pueblo de Israel. Tenían un legítimo reclamo del territorio en Jerusalén y las zonas circundantes. Debían luchar por su tierra.

Aunque la propuesta se investigó brevemente, el plan se votó y no se aprobó en el Séptimo Congreso Sionista en 1905. La mayoría de los delegados rehusaron considerar cualquier otra tierra natal judía que no fuera la tierra de Israel, su Tierra Prometida.

Cuando el plan de Uganda fue rechazado, Lord Arthur Balfour, un exprimer ministro de Gran Bretaña, se reunió con Chaim Weizmann, un sionista en Gran Bretaña que después se convirtió en el primer presidente de Israel. Para Lord Balfour, la resistencia de los judíos perseguidos a realojarse en una zona segura en África era inconcebible.

La historia dice que Weizmann le dijo a Balfour: "Imagínese que yo le ofreciera París en lugar de Londres".

"Pero, Dr. Weizmann, nosotros tenemos Londres", respondió Balfour.

"Es cierto", dijo Weizmann, "pero nosotros teníamos Jerusalén cuando Londres era un pantano".[1]

Un hombre llamado David Ben-Gurion, el primer presidente del gobierno de Israel, finalmente tuvo éxito a la hora de establecer la independencia del Israel moderno. Aunque la batalla por Jerusalén aún continúa, en 1948 la Asamblea General de las Naciones Unidas, apoyada por los Estados Unidos y la Unión Soviética, acordó la creación del estado de Israel. Ben-Gurion emitió la declaración de independencia del país.

Al enemigo le gusta ofrecernos un plan B. Él quiere que nos conformemos. Él quiere que nos quedemos en nuestro sitio. Él quiere impedirnos soñar a lo grande. Nos dará todo tipo de razones por las que no deberíamos querer más para nuestra vida o para nuestra familia. Nos mostrará por qué es imposible la reconciliación. Intentará con todo su empeño extinguir el fuego apasionado para un lugar mayor que donde estamos ahora.

Me pregunto cuántos de ustedes se están conformando con el plan de Uganda en sus vidas. Quizá has aceptado el hecho de que tú y tu hijo adulto nunca tendrán una relación estrecha. Quizá te has conformado con finalmente firmar los papeles del divorcio. No te conformes con el plan de Uganda cuando Dios dice: *Tú te diriges a Jerusalén. Yo voy a darte el lugar de mi gloria.*

No te conformes con el plan B cuando Dios dice: "Voy a hacer algo muchísimo más abundante que cualquier cosa que te puedas imaginar" (ver Efesios 3:20).

Piensa en esto: si David se hubiera conformado con Hebrón, el plan de Dios para la redención no se habría llevado a cabo. ¿Recuerdas cómo David plantó la cabeza de Goliat fuera de las murallas de la ciudad de los jebuseos? Mil años después, Jesús fue capturado y llevado a la misma ciudad. Fue torturado y clavado a una cruz en el Gólgota, que se traduce como "lugar de la calavera". ¿Por qué se llamaba el lugar de la calavera? Muchos eruditos creen que es el lugar exacto en el que David puso la cabeza de Goliat.

Génesis 3:15 (NVI) dice: *"Pondré enemistad entre tú y la mujer, y entre tu simiente y la de ella; su simiente te aplastará la cabeza, pero tú le morderás el talón".* Cuando los soldados romanos clavaron los pies de Jesús

> **Me pregunto cuántos de ustedes se están conformando con el plan de Uganda en sus vidas.**

en esa cruz, Satanás mordió el talón de Jesús, y con el golpe seco de la cruz al caer en la tierra, Jesús aplastó la cabeza de Satanás.

La toma de David de la ciudad de Jerusalén muestra el plan de Dios. El enemigo intentó frustrar el plan de salvación de Dios mediante una disputa familiar. Cuando las tribus de Israel estaban divididas, no fueron capaces de capturar la ciudad de los jebuseos. La fortaleza de esa familia tenía que ser vencida para que el poder de la cruz pudiera ser levantado.

¿Ha dividido el enemigo tu familia y ha levantado una fortaleza? Mediante el poder de la cruz, puedes derribar fortalezas. Mediante el poder de la cruz, puedes derrotar al enemigo. Mediante el poder de la cruz, puedes ser victorioso. Dios quiere darte la victoria en tu lugar de la calavera, renovando tu forma de pensar, algo de lo que ya hablé un poco en el capítulo 5. Me gustaría compartir dos principios para vencer fortalezas: escuchar lo que Dios está diciendo, y creer que lo que Dios está diciendo es verdad.

Escuchar lo que Dios está diciendo

Si te encuentras en una pelea por tu familia, no dejes que lo que ves bloquee lo que Dios quiere que oigas.

En una tarde a mediados de octubre de 1982, más de sesenta mil seguidores se reunieron para ver jugar a su equipo de fútbol americano, los Badgers de la Universidad de Wisconsin contra los Spartans de

Michigan State. Puesto que el partido se jugaba en su propio estadio, los seguidores de los Badgers aclamaban anticipando la victoria. Por desgracia, Wisconsin rápidamente comenzó a perder contra los Spartans.

> **Si te encuentras en una pelea por tu familia, no dejes que lo que ves bloquee lo que Dios quiere que oigas.**

Aquí es donde la historia se vuelve extraña. Mientras más perdían los Badgers, más alto gritaban sus seguidores. Animaban más. Aplaudían con más intensidad. No tenía sentido. Los jugadores y entrenadores del Wisconsin estaban asombrados, al oír a sus seguidores gritar con pasión a pesar de ir perdiendo estrepitosamente.

Aunque era algo desconocido para los jugadores del campo, muchos de los aficionados estaban escuchando sus radios portátiles. A más de 70 millas (100 kilómetros) de distancia, los Brewers de Milwaukee estaban derrotando a los Cardenales de St. Louis en el cuarto partido de la Serie Mundial.[2]

Los fanáticos en las gradas que gritaban más alto con el paso de los minutos estaban respondiendo a lo que oían, no a lo que veían. Estaban celebrando la victoria en presencia de lo que parecía una derrota. ¡Qué panorama de contradicción!

Cuando David y sus hombres miraron fijamente a la ciudad de los jebuseos, con sus ojos naturales veían la montaña rocosa, las murallas impenetrables de la ciudad y a los fuertes guerreros que estaban de pie tras los muros. Pero también oyeron la voz del Señor, que prometió la victoria en lo que parecía una situación imposible.

¿Estás respondiendo a lo que ves o a lo que Dios dice? Piensa en ello, piénsalo de verdad. Cuando ves las mentiras que te rodean, ¿sientes la presión? ¿Te sientes abrumado? ¿Sientes temor? ¿Derrota?

La Escritura es clara en que la fe no tiene nada que ver con lo que vemos. Caminamos por fe, no por vista (ver 2 Corintios 5:7). La fe viene por el oír, no por ver (ver Romanos 10:17). Así es como podemos estar arriba en un mundo abajo.

La fe no mira a los hechos y dice: "Bueno, quizá yo también me rinda". La fe mira a las circunstancias que tienen "imposible" escrito encima de ellas, y luego escucha lo que

¿Estás respondiendo a lo que ves o a lo que Dios dice?

el cielo está diciendo. Y en el cielo, nunca oirás a Dios decir: "Deberías rendirte". "No lo conseguirás". "¡Ya déjalo!".

Si escuchas, oirás a Dios decirte que Él está de tu lado, que está peleando por ti, que con Él eres más que vencedor.

Decide hoy, como una persona de fe, quitar tus ojos de la situación y abrir tus oídos a la voz de Dios. Solo entonces puedes comenzar a avanzar hacia la victoria.

Pablo escribió:

> No perdáis, pues, vuestra confianza, que tiene grande galardón; porque os es necesaria la paciencia, para que habiendo hecho la voluntad de Dios, obtengáis la promesa. Porque aún un poquito, Y el que ha de venir vendrá, y no tardará. Mas el justo vivirá por fe; Y si retrocediere, no agradará a mi alma. Pero nosotros no somos de los que retroceden para perdición, sino de los que tienen fe para preservación del alma.
>
> Hebreos 10:35-39 (RVR 60)

Me encanta esta frase: *Pero nosotros no somos de los que retroceden.* Tú no eres débil. Tú no estás apaleado. Tú no estás derrotado. Tú eres fuerte. Tú eres poderoso. Tú eres un vencedor.

Creer que lo que Dios dice es verdad

Segundo, cree lo que Dios dice, no lo que sientes o lo que te dictan tus circunstancias.

En 1886, Walter George batió el récord mundial de la milla al correrla en 4 minutos y 12,75 segundos. Nadie la corrió tan rápido durante treinta años. Después, en 1923, un atleta finlandés llamado Paavo Nurmi rebajó dos segundos al correrla en 4 minutos, 10,4 segundos.

Ese récord mundial se mantuvo intacto durante ocho años. Después de eso, el tiempo siguió acortándose de segundo en segundo, pero se difundió el mito sobre que no era posible bajar de los cuatro minutos. De hecho, se dijo incluso que algunos médicos informaron que era físicamente imposible.

Un hombre escogió no creer la mentira.

En 1954, Roger Bannister batió el récord por primera vez en la historia de la humanidad cuando corrió la milla en 3 minutos, 59,4 segundos. Aunque estoy seguro de que hubo muchos atletas sobre los que no oyes hablar hoy día que creyeron que era imposible correr la milla en menos de cuatro minutos, fue Bannister quien realmente lo hizo. Él desafió las probabilidades. Creyó que podría suceder. Y trabajó, y entrenó, y practicó, y se sacrificó para poder ser quien batiera el récord.

Es gracioso. Esta barrera se ha rebajado muchas veces desde entonces y ahora es el estándar para los corredores de media distancia. ¡Qué ejemplo tan poderoso de lo que ocurre cuando consigues tener una nueva mentalidad!

Por si aún no lo sabías, la vida es una escalada a un monte. De camino al lugar, propósito, destino o lugar alto que estés intentando alcanzar en la vida, va a ser necesario que escales. Yo he visto en mi propia vida que tener éxito en el matrimonio, la familia, las relaciones y mi caminar espiritual es una subida cuesta arriba.

Dios está buscando escaladores. Los escaladores son personas dedicadas. Afrontan riesgos. Miran a las montañas que parecen insuperables. Y aceptan la tarea de Dios de subir y conquistar esas montañas en su nombre.

Anímate y mantente en la pelea. Buenas noticias, ¡Dios ya ha ganado!

LA **GRAN** IDEA

No te conformes. Sigue escalando.

CAPÍTULO CATORCE

EL REY TIENE UN MOVIMIENTO MÁS

Marcus Luttrell era un Navy SEAL de élite que sobrevivió a una feroz batalla en Afganistán en 2005 y se ganó una medalla Navy Cross por heroísmo en combate. Sus memorias éxito de ventas, *El único superviviente*, documenta su desgarradora experiencia.

Él y otros cuatro Navy SEAL recibieron la tarea de observar un pueblo y capturar o matar a un líder talibán que tenía vínculos con Osama bin Laden. Mientras estaban escondidos, este equipo observó a tres pastores. Pensaron en matar a estos tres hombres, pero optaron por no hacerlo.

Poco tiempo después, el equipo quedó rodeado por más de cien soldados talibanes. Luttrell escribe que su decisión de no apretar el gatillo contra los pastores podía haber sido su sentencia de muerte. Un helicóptero que llevaba a dieciséis soldados de operaciones especiales a punto de rescatar al rodeado equipo de los SEAL fue alcanzado; todas las personas a bordo murieron. Luttrell fue el único sobreviviente de su equipo. Finalmente fue rescatado por un grupo de aldeanos afganos que le ayudaron a ponerse a salvo.

Al comienzo del libro, Luttrell narra su experiencia trabajando para convertirse en un Navy SEAL, un soldado de élite de la principal fuerza de operaciones especiales del ejército de los Estados Unidos. Muchos de los que habían intentado el entrenamiento formal vigoroso de más de un año de duración habían abandonado.

Al principio de su entrenamiento, los candidatos pasan por lo que se conoce como la "Semana Infernal". Esa es la semana definitiva para estos hombres. Durante cinco días y medio, soportan un ciclo continuo de los ejercicios físicos y mentales más duros de todo el mundo.

Los candidatos pueden dormir como mucho cuatro horas durante toda la semana. Durante ese tiempo, soportan un entrenamiento físico brutalmente difícil con frío y empapados. La Semana Infernal está diseñada para deshacerse de quienes no son lo mejor de lo mejor. De hecho, dos tercios de los candidatos no la superan.

Durante la Semana Infernal, se pone una campana fuera del comedor. Cuando uno siente que la presión es demasiado grande, las tareas físicas demasiado demandantes, la fatiga demasiado abrumadora, los músculos demasiado doloridos, uno puede abandonar simplemente haciendo sonar la campana. No tienes que dar explicaciones. Nadie te hará preguntas. Solo tocas la campana, regresas a tu barracón y comes una comida caliente, y un autobús te lleva de vuelta al lugar de donde viniste. Si quieres salir del programa de los Navy SEAL, puedes ejercer tu opción de abandonar.

En el libro, Luttrell escribe sobre ver a candidatos diestros y fuertes, uno a uno, rindiéndose y haciendo sonar la campana. No era porque estos hombres carecieran de fuerza física o habilidad, pues eran algunos de los hombres más duros del mundo. Solo les faltaba la fortaleza mental para no abandonar.

Uno de los instructores de Luttrell le dijo: "Marcus, el cuerpo puede soportar… casi cualquier cosa. Es la mente la que necesita entrenamiento. ¿Puedes con una injusticia tal? ¿Puedes lidiar con esa clase de injusticia, con ese revés tan grande? Y además ¿puedes regresar decidido, resuelto, y prometiendo que nunca abandonarás? ¡Eso es lo que estamos buscando!".[1]

Elimina la opción de abandonar

Cuando has estado orando por tu familia, por tu matrimonio o para que Dios sane esa relación rota, hay veces en que puede que tengas ganas de abandonar. Cada una de las personas que están leyendo este libro tiene la opción de abandonar. Lo único que tienes que hacer es decir: "Estoy cansado de la batalla y me rindo".

Quiero desafiarte ahora mismo a eliminar de tu vida la opción de abandonar.

> Por lo tanto, no desechen la firme confianza que tienen en el Señor. ¡Tengan presente la gran recompensa que les traerá! Perseverar con paciencia es lo que necesitan ahora para seguir haciendo la voluntad de Dios. Entonces recibirán todo lo que él ha prometido. "Pues, dentro de muy poco tiempo, Aquel que viene vendrá sin demorarse. Mis justos vivirán por la fe. Pero no me complaceré con nadie que se aleje".
>
> Hebreos 10:35-38

Tenemos que entender que estamos en una batalla por nuestra vida, una batalla por nuestra familia, una batalla por nuestro matrimonio. El enemigo va a arrojarnos todo lo que pueda para desanimarnos. Va a enviar riñas, conflicto, estrés, contención, disputas y amargura para intentar conseguir que abandonemos.

Pero la batalla no es lo que vemos en lo natural.

La batalla no tiene que ver con el problema en tu familia. No se trata del problema financiero. No se trata de la enfermedad. No se trata de los desacuerdos en tu matrimonio. El enemigo quiere tu mente. Quiere derrumbarte mentalmente. Quiere que te rindas, que abandones, que digas "¡No puedo soportar esto más!".

Marcus escribe que mientras estaba impactado por ver abandonar y hacer sonar la campana a algunos de los candidatos físicamente más fuertes, no se dio el lujo de entretener la idea ni una sola vez. El pensamiento ni siquiera se le pasó por la cabeza.

La filosofía de los Navy SEAL es esta: "Nunca abandonaré… Mi nación espera que sea física y mentalmente más fuerte que mis enemigos. Si me derriban, me levantaré, todas las veces. Me aferraré a cada ápice de fuerza para proteger a mis compañeros de equipo… Nunca estoy fuera de la batalla".[2]

Amigo, tu tarea es no ejercer la opción de abandonar. Porque cuando decides en tu mente que no abandonarás, es entonces cuando se gana realmente la batalla.

Yo he tenido oraciones contestadas, y he tenido oraciones sin contestar. Me han sucedido milagros, y he tenido grandes decepciones. He pasado tiempo en montañas altas, donde Dios me dio revelación y me sorprendió de maneras maravillosas, y he pasado tiempo en los valles bajos, profundos y oscuros, donde parecía que Dios se había olvidado de mí.

Lo que he aprendido a través de todo esto es que nunca haré sonar la campana.

Nunca me voy a alejar de Dios. Nunca voy a irme de mi iglesia. Nunca voy a dejar a mi mujer. Nunca voy a rendirme con mis hijos. Nunca voy a dejar que mi sueño muera. Nunca voy a dejar de predicar.

> **Cuando decides en tu mente que no abandonarás, es entonces cuando se gana realmente la batalla.**

Tú tienes que decidir lo mismo. Aférrate a la verdad, en lo más hondo de tu espíritu, de que nunca vas a abandonar.

Si quieres experimentar el éxito en tu matrimonio, tienes que eliminar la opción de abandonar. Lo necesitarás cuando no te sientas maravillosamente y como dos tortolitos. Necesitarás aferrarte a ello cuando no te sientas feliz. Lo necesitarás cuando tu cónyuge no te emocione como solía hacerlo. Lo necesitarás cuando tus hijos estén haciendo cosas contrarias a lo que dice la Biblia y a cómo los has criado.

La opción de abandonar no se contempla en un buen pacto matrimonial. Es en lo bueno y en lo malo. Es en la enfermedad y en la salud. Es en la riqueza y la pobreza. Es hasta que la muerte los separe.

Yo estoy disfrutando de mi mejor tiempo de casado ahora mismo. Cherise y yo llevamos casados treinta años. Hemos pasado por muchos altibajos, pero a lo largo de los años hemos permanecido. Llega un tiempo en cada matrimonio y familia donde es más fácil abandonar que soportar. Pero si sigues dando golpecitos, orando, perdonando y amando, disfrutarás de una gran recompensa.

Cómo sobrevivir a tu Semana Infernal

Si Marcus Luttrell no hubiera soportado la Semana Infernal, no habría sobrevivido a la operación en Afganistán en la que se desató todo el infierno. Cuando este hombre quedó rodeado de talibanes, cuando era el único sobreviviente de su comando, cuando estaba herido con la espalda rota y múltiples fracturas y cuando parecía imposible que sobreviviese, su mente ya estaba preparada. Y entendió el vigor de su entrenamiento previo.

Así pues, ¿cómo sobrevives a tu Semana Infernal?

¿Qué haces cuando el enemigo te arroja tu debilidad a la cara? ¿Qué haces cuando parece que cada conversación con tu cónyuge lleva a una discusión? ¿Qué haces cuando parece que nunca te podrás reconciliar con tu hijo obstinado? ¿Qué haces cuando el dolor de la aflicción es tan grande que sientes que no puedes continuar?

Uno, recuerda que la prueba de tu fe produce algo más precioso que el oro. Leemos en 1 Pedro 4:12-13:

> *Queridos amigos, no se sorprendan de las pruebas de fuego por las que están atravesando, como si algo extraño les sucediera. En cambio,*

alégrense mucho, porque estas pruebas los hacen ser partícipes con Cristo de su sufrimiento, para que tengan la inmensa alegría de ver su gloria cuando sea revelada a todo el mundo.

Dos, considera a Jesús. El libro de Hebreos nos dice:

Y corramos con perseverancia la carrera que Dios nos ha puesto por delante. Esto lo hacemos al fijar la mirada en Jesús, el campeón que inicia y perfecciona nuestra fe. Debido al gozo que le esperaba, Jesús soportó la cruz, sin importarle la vergüenza que esta representaba. Ahora está sentado en el lugar de honor, junto al trono de Dios. Piensen en toda la hostilidad que soportó por parte de pecadores, así no se cansarán ni se darán por vencidos.

Hebreos 12:1-3

Jesús soportó la Semana Infernal en la cruz. Soportó las acusaciones. Soportó la tortura espantosa. Soportó los golpes. Soportó que le escupieran. Soportó que le estirasen sobre dos trozos de madera. Soportó los clavos atravesándole las manos y los pies.

Jesús pudo haber hecho sonar la campana, pero había fijado su mente en el huerto de Getsemaní para no abandonar. Cuando fue colgado en la cruz suspendido entre el cielo y la tierra, decidió hacer lo que Dios le dijo que hiciera.

Si quieres pasar tu Semana Infernal, considera a Jesús.

Pablo habló de que sirvió a Dios *"con muchas lágrimas"* (Hechos 20:19). Después dijo: *"No sé lo que me espera allí, solo que el Espíritu Santo me dice que en ciudad tras ciudad, me esperan cárcel y sufrimiento"* (versículos 22-23). ¡Eso es bastante triste! Al apóstol solo le esperaban problemas en cada ciudad, pero mira lo que Pablo escribió después: *"pero mi vida no vale nada para mí a menos que la use para terminar la tarea que me asignó el Señor Jesús, la tarea de contarles a otros la Buena Noticia acerca de la maravillosa gracia de Dios"* (versículo 24).

Pablo fue perseguido. Fue golpeado. Fue apedreado. Fue encarcelado. Sufrió naufragios. Fue juzgado. Fue presionado sobremanera.

Uno pensaría que en algún momento él decidiría que era el momento de hacer sonar la campana, pero esta es la verdad. Pablo nunca dijo: "He soportado mucho. Yo no firmé para esto. Dios me está dando más de lo que me corresponde. Creo que hasta aquí he llegado; es el momento de abandonar. Me rindo".

No hubo abandono en Pablo.

En su lugar, dijo: *"me concentro únicamente en esto: olvido el pasado y fijo la mirada en lo que tengo por delante, y así avanzo hasta llegar al final de la carrera para recibir el premio celestial al cual Dios nos llama por medio de Cristo Jesús"* (Filipenses 3:13-14).

En otras palabras, no puedes vivir en el pasado. El llamado es hacia arriba. Tienes que seguir escalando. Tienes que seguir moviéndote. Tienes que seguir avanzando.

No te rindas.

Mientras lees este libro, puede que te sientas tentado a dejar tu matrimonio. Quizá sientas dar la espalda a tu familia. Quizá no veas manera posible de salir de tu batalla. Ánimo: nuestro Dios es consumador. Aquel que comenzó la buena obra será fiel en completarla (ver Filipenses 1:6).

No te rindas. Tu sitio es el lugar alto, así que no te conformes con menos de lo que Dios te ha prometido. Si no te rindes, no puedes perder.

> **No puedes vivir en el pasado. El llamado es hacia arriba.**

Quiero que leas las siguientes frases de abajo en voz alta. No importa lo que estés pasando hoy, decide no rendirte y seguir presionando hacia delante:

Nunca voy a dejar de amar.

Nunca voy a dejar de servir.

Nunca voy a dejar de perdonar.

Nunca voy a dejar de orar.

Nunca voy a dejar de creer.

Nunca voy a dejar de ser amable.

Nunca voy a dejar de servir a Dios.

Nunca voy a dejar de amar como si nunca me hubieran herido.

Jaque mate

En 1831, un artista alemán llamado Moritz August Retzsch pintó una obra de arte fascinante titulada *Die Schachspieler*, "Los ajedrecistas" (después llamada "Jaque mate").

En este cuadro, dos personas compiten en una partida de ajedrez. A la izquierda está Satanás. Mira con intimidación y hace una mueca de confianza. Su oponente es un joven que mira fijamente al tablero, perplejo. Uno puede sentir que este joven está desesperado. Específicamente está mirando a la pieza del rey, que está casi rodeada de las piezas de su oponente. Jaque mate. Juego terminado.

A mí me gusta más el juego de damas que el ajedrez, pero sé cómo se juega. El objetivo es hacer jaque mate al rey de tu oponente. Cuando un rey está rodeado, está desprotegido o no tiene un sitio donde mover, es un jaque mate y el juego se termina.

Aparentemente, no obstante, la inminente victoria de Satanás sobre su rival no es todo lo que incluye la historia. Como dice un relato, a finales de 1800, un famoso ajedrecista llamado Paul Morphy estaba visitando Richmond (Virginia). Las noticias de su llegada se difundieron rápidamente. Un prominente hombre de la comunidad invitó a Morphy a su hogar para echar una partida de ajedrez.

Durante la cena, Morphy no podía apartar sus ojos de un cuadro que había en la sala. Resultó ser "Jaque mate", de Retzsch. Mientras más estudiaba la obra de arte, más se interesaba. Finalmente, cuando terminó la cena, Morphy se acercó al cuadro y lo examinó. Entonces se dirigió hacia su anfitrión y dijo: "Creo que puedo tomar la partida de este joven y ganar".

El anfitrión estaba un tanto escéptico. "¡Ni siquiera usted, Sr. Morphy, podría recuperar esa partida!".

"Imagínese que lo intentamos", desafió el campeón de ajedrez.

No es necesario decir que el anfitrión fue a buscar un tablero y lo arregló exactamente como estaba en el cuadro. Para sorpresa de todos, Morphy mostró que el rey tenía un movimiento más. ¡El joven del cuadro estaba a salvo![3]

¿Te tiene la vida en jaque mate? ¿Te sientes atrapado? ¿No puedes ver una salida? Tienes que saber esto: el rey siempre tiene un movimiento más. Siempre.

Quizá tu cónyuge te ha dejado, pero el Rey tiene un movimiento más. Tu familia quizá está experimentando más problemas de los que puedes soportar, pero el Rey tiene un movimiento más. Tal vez te parezca que nunca tendrás de nuevo un hogar feliz, pero estoy aquí para decirte que el Rey siempre tiene un movimiento más.

Dios quiere que ganes. Él quiere que avances. Él quiere que reconstruyas.

Cuando tu casa está en peligro, cuando el enemigo te susurra al oído que dejes a tu cónyuge y a tus hijos, cuando tus pruebas parecen gritarte "Jaque mate", el Rey tiene un movimiento más.

La gracia de Dios es suficiente. Su amor es suficiente. Su unción es suficiente.

Amigo, tu destino es mayor que tus dificultades. Tu destino es mayor que tu desastre. Tu destino es mayor que tu actual dilema. Tu destino es mayor que tus temores.

El Rey tiene un movimiento más.

Tienes que saber esto: el Rey siempre tiene un movimiento más. Siempre.

Proverbios 21:30 dice: *"No hay sabiduría humana ni entendimiento ni proyecto que puedan hacerle frente al Señor".*

No tienes que ser el más inteligente del bloque para saber quién va a ganar la partida de la vida, según este versículo. No hay conocimiento, ni poder, ni sabiduría, ni estrategia ni consejo que vaya contra el propósito y plan de Dios, y gane.

Esta pregunta sigue aquí para nosotros: ¿De qué lado estás?

Satanás quiere hacer jaque mate a nuestra vida. La Biblia nos dice que el enemigo viene para robar, matar y destruir (ver Juan 10:10). Él quiere ponernos en una posición desde la que podamos ver que no hay salida. Él quiere robarnos nuestra fe. Él quiere robarnos nuestra esperanza. Él quiere robarnos nuestro gozo. Él quiere robarnos nuestros sueños. Él quiere robarnos las promesas de Dios de nuestro corazón.

Pero el cielo está peleando por ti hoy.

Tienes que recibir la revelación de Proverbios 21:30 en lo más hondo de tu espíritu. Nada va a permanecer delante de Dios. No existe el jaque mate sobre tu vida. Dios tendrá el último movimiento.

Pienso en los israelitas alejándose del faraón y la tierra de Egipto. Cuando Moisés se encontró con el Mar Rojo (según los historiadores antiguos, con montañas que les atrapaban en ambos lados), el ejército del faraón se estaba acercando, y rápido. Los israelitas seguro iban a morir, y el enemigo susurró en el oído de Moisés: *Jaque mate. Se terminó.*

Debes entender que Dios nunca se queda sin movimientos.

Decimos que Dios puede hacer cualquier cosa, pero eso no es cierto. Hay una cosa que tú y yo podemos hacer que Dios no puede: podemos agotar nuestros recursos. Podemos hacer todo lo que somos capaces de hacer en algunas situaciones, pero Dios nunca ha terminado de hacer todo lo que puede hacer.

Quizá hayas oído decir al doctor: "Bueno, he hecho todo lo que puedo hacer". A veces el consejero dice: "He hecho por tu familia todo lo que podía hacer". Pero servimos a un Dios que nunca ha dicho: "He hecho todo lo que puedo hacer".

Dios nunca ha hecho todo lo que puede hacer. Él siempre tiene un movimiento más.

> Incluso cuando sientas que tú mismo te has abandonado, Dios nunca te abandonará.

Dios nunca te abandonará. Incluso cuando sientas que tú mismo te has abandonado, Dios nunca te abandonará. Dios encontró a Moisés en su desierto. Dios encontró a Jeremías en su pozo. Dios encontró a José en su prisión. Dios encontró a Job en sus tragedias, y Dios puede encontrarte a ti.

Tu trabajo es mantenerte en el amor de Dios. Mantener una buena actitud. Mantener tu espíritu avivado. Aferrarte a las promesas de Dios, y cuando hagas esto y el enemigo te susurre *Jaque mate*, tu espíritu responderá diciendo: ¡*Yo no pienso lo mismo*!

Después de esto

Tres palabras al comienzo de Job 42:16 tienen un impacto tremendo.

"Después de esto vivió Job ciento cuarenta años, y vio a sus hijos, y a los hijos de sus hijos, hasta la cuarta generación" (RVR 60).

Job había pasado por una crisis de proporciones catastróficas. Perdió a su familia, su salud, su riqueza. Todo.

Pero Dios le dio un *"después de esto"*.

244 AMA COMO SI NUNCA TE HUBIERAN HERIDO

Quizá has perdido a un ser querido. Quizá estés lidiando con una relación rota. Puede que estés luchando con una adicción en tu familia, o incluso tú mismo estés luchando por salir de una. Dios tiene un *"después de esto"* para ti.

> ## Dios tiene un "después de esto" para ti.

Superarás tus dificultades. Vas a vivir después de tu prueba. Vas a vivir después de tu pérdida. Vas a vivir después de tu traición. El Rey tiene un movimiento más.

Génesis 9:28 nos dice que *"Noé vivió trescientos cincuenta años más después del gran diluvio"*. Tenía más vida para vivir después del diluvio.

¡Hay vida después del diluvio!

Cuando Dios le dijo a Jonás que predicara a la ciudad de Nínive, él dijo: "¡Ni hablar!". ¿Por qué? Porque sabía que Dios le daría perdón al pueblo en vez de juicio, y Jonás no creía que merecieran eso. Así que Dios hizo el primer hombre submarino, una ballena, y puso a Jonás en ella. Te diré esto: no tienes problemas hasta que hayas estado en el vientre de un pez. Pero Jonás clamó pidiendo misericordia. Y Dios llamó al problema que se había tragado a este hombre, y obligó a la ballena a que vomitara a Jonás. Dios es capaz de hacer cualquier cosa. Él siempre tiene un movimiento más.

> ## Creo que estás leyendo este libro hoy por una cita divina. Dios quiere decirte: "No se ha terminado".

Los soldados que crucificaron a Jesús pensaron que se había terminado cuando murió. Cuando, con sus labios manchados de sangre, Jesús dijo: *"Consumado es"*, y entregó su espíritu, le pusieron en una tumba, la sellaron y situaron guardas armados para vigilarla. Un día pasó, y no ocurrió nada. Después dos, y no ocurrió nada. Finalmente tres días pasaron, y Satanás dijo: "Jaque mate". Pero al tercer día, cuando parecía que todo estaba perdido, Jesús se levantó de la muerte.

El Rey tenía un movimiento más.

Sea lo que sea por lo que estés pasando en este mismo momento, sé que Dios tiene un movimiento más para ti. Es un movimiento de gracia. Es un movimiento de perdón. Es un movimiento de misericordia. Es un movimiento de restauración. Es un movimiento de milagros.

Creo que estás leyendo este libro hoy por una cita divina. Dios quiere decirte: "No se ha terminado".

Principios clave diseñados para ayudarte a amar

Es mi oración que al haber llegado a este capítulo final, tu fe haya crecido. Tienes un nuevo entendimiento del poder del amor, el amor de Dios, y sabes lo importante que es amar como si nunca te hubieran herido.

Recapitulemos rápidamente lo que has aprendido.

1. *Dios hace su obra más impactante donde las cosas parecen imposibles.* Dondequiera que haya dolor, sufrimiento y desesperación, Jesús está ahí. El dolor que sientes hoy es el dolor que puedes sanar.

2. *El amor nunca falla.* Escoge el amor antes que el dolor. Escoge amar a otros, siempre. Escoge proseguir. Escoge sanar tus heridas. Escoge seguir conduciendo.

3. *Nunca es una equivocación amar a las personas que han cometido grandes errores.* Nunca está fuera de orden amar. No comprometes tu fe cuando amas. Esto es lo que significa amar como si nunca te hubieran herido.

4. *Es imperdonable no perdonar.* Deja de llevar la cuenta de las ofensas y comienza a perder la cuenta.

5. *Podemos comenzar a amar a otros cuando nos amamos a nosotros mismos.* Jesús nos *mandó* a amarnos a nosotros mismos. Cuando hacemos esto, estamos un paso más cerca del reino de Dios, que es justicia, paz y gozo (ver Romanos 14:17).

6. *Somos llamados a ser amables.* No es fácil ser amable cuando estamos bajo presión, pero eso es lo que Dios nos llama a hacer. ¿Quieres saber lo santo que eres? Determina lo amable que eres.

7. *En vez de avivar las llamas de la discordia, sé un pacificador.* No podemos posicionarnos para amar como si nunca nos hubieran herido, si nos controla nuestro carácter. La paz interior afecta la atmósfera exterior. No dejes que la riña te infecte. Sé un fabricante de paz.

8. *El matrimonio no es solo una buena idea, sino una idea de Dios.* No te canses de tu cónyuge. No te canses de tu matrimonio. Dios tiene grandes planes para ti y la persona con la que estás casado. Hay una puerta de esperanza en cada valle del conflicto matrimonial.

9. *Un matrimonio comprometido y duradero exige una mente decidida.* El enemigo quizá ha atacado tu matrimonio, pero los matrimonios perfectos no llegan a la cueva de las parejas. Los matrimonios que lo logran, han pasado por el infierno, pero por la gracia de Dios han declarado: "¡Pelearemos por lo que queda!".

10. *Dios está en el negocio de bendecir a las familias.* En ningún otro lugar de esta vida encontrarás mayor realización y amor que dentro del corazón de tu familia. No abandones a la familia. Persígueles con el mismo amor, gracia y misericordia con las que Dios te persigue a ti.

11. *Lucha por tu familia.* Tu familia quizá sea un caos ahora mismo, pero Dios puede reedificar lo que se ha destruido o derribado. Si decides pelear por tu familia, Dios peleará por ti.

12. *Ama a Dios como si nunca te hubieran herido.* Solo porque no entiendas el camino por el que estás viajando no significa que Dios no te esté dirigiendo. Quizá no te dé las respuestas, pero siempre te dará una promesa.

13. *No te conformes, y sigue escalando.* Dios te está llamando a un lugar mayor que en el que estás ahora.

Amar a otros no siempre es fácil, especialmente cuando las personas te han herido. Pero Dios es amor. Y Él nos empodera para amar a otros como debemos hacerlo.

Él nos ayudará a amar como si nunca nos hubieran decepcionado.

Él nos ayudará a amar como si nunca nos hubiéramos destruido el uno al otro.

Él nos ayudará a amar como si nunca nos hubieran herido.

Él nos ayudará a amar como si nunca nos hubieran traicionado.

La oposición conduce a la oportunidad

Dije al comienzo de este libro que la ofensa es algo que experimentarás en la vida, Jesús enseñó: *"Imposible es que no vengan tropiezos; mas ¡ay de aquel por quien vienen!"* (Lucas 17:1 RVR 60).

Las ofensas son inevitables. Nadie está exento. De una forma o de otra, a todos nos van a ofender, nos van a herir, insultar, traicionar, engañar, avergonzar, violar o hacer perder nuestro orgullo.

Como la ofensa es un hecho bíblico, debemos aprender a tratarla.

Estaba en Nueva Zelanda hace unos años. Decir que es un país muy bonito es quedarse corto. Mientras iba a correr una mañana, no pude evitar admirar los cielos color turquesa que se extendían a lo largo de muchos kilómetros, y las aguas brillantes y cristalinas como diamantes.

De repente, observé algo. No vi ningún pájaro volando. Todos los que veía estaban en la tierra. Me acerqué a una bandada de aves que estaban piando y saltando junto al camino arenoso, y huían de mí sin levantar el vuelo.

Le mencioné esto a un amigo al que estaba visitando en ese viaje. Lo que me dijo fue fascinante. Nueva Zelanda alberga más especies de aves que no vuelan que cualquier otro lugar del mundo. De hecho, más de la mitad de las aves de este país no pueden volar. La razón es que no hay depredadores. Antes de que los humanos habitaran el entorno de esta isla, no existían aquí mamíferos depredadores. Las principales amenazas eran otras aves, como águilas y halcones. Volar les salía muy caro a los pájaros, así que con el paso del tiempo, aprendieron a quedarse en tierra.[4]

Cuando no se tiene la necesidad de volar, se pierde la capacidad de hacerlo.

> **Sin la oposición de las ofensas, nunca levantarías las alas como un águila.**

Algunos miramos a la oposición como algo malo, y ciertamente podemos sentir que así es, pero la oposición puede ser una oportunidad. Míralo de este modo: sin la oposición de las ofensas, nunca levantarías las alas como un águila (ver Isaías 40:31). Sin oposición, nunca te elevarías. Puedes revolotear en el granero, o puedes volar, pero no sin oposición.

La oposición puede hacerte enfrentar las cosas, y hacer cosas que no podrías haber hecho si no hubieras tenido esa oposición. La oposición te hará orar. La oposición te hará acudir corriendo a Dios. La oposición hará que aumente tu fe.

Quizá tengas que empezar a ver a quienes te ofenden o hieren como una oportunidad para que Dios te lleve más alto.

Has leído este libro. Has escuchado a Dios hablarte a través de estas palabras.

Este material probablemente te haya levantado viejas heridas, recuerdos dolorosos, memorias de una relación rota. Quizá sientas que estas cosas han hecho que mueras. Pero has estado buscando una oportunidad para cambiar. Tú sabes que hay que hacer algo.

Es tiempo de volver a encender tu corazón.

Ahora mismo, el Espíritu Santo está estacionando en la puerta de tu casa. Viene por ti. Está descendiendo a tu hogar con un desfibrilador. Con los polos cargados del poder de la resurrección, Dios está listo para ponértelos en tu corazón y traerte de nuevo a la vida. Está listo para revivir todo lo que haya muerto en ti. Está listo para resucitar tu matrimonio. Está listo para resucitar tu familia. Está listo para resucitar tu espíritu.

Es tiempo de resucitar tu corazón.

Amigo, puede que estés en una tormenta feroz, pero Dios sabía hace años que estarías donde estás ahora mismo. Confía en Él. Él ya te tiene preparado el camino. Dios puede usar las circunstancias más difíciles para fortificar los muros de tu matrimonio, tu familia y tu relación con Él.

Gálatas 6:9 nos dice: *"Así que no nos cansemos de hacer el bien. A su debido tiempo, cosecharemos numerosas bendiciones si no nos damos por vencidos"*.

> **Dios puede usar las circunstancias más difíciles para fortificar los muros de tu matrimonio, tu familia y tu relación con Él.**

No te des por vencido aún. *"Y estoy seguro de que Dios, quien comenzó la buena obra en ustedes, la continuará hasta que quede completamente terminada el día que Cristo Jesús vuelva"* (Filipenses 1:6). La gracia de Dios es suficiente para la situación en la que estás.

Sigue de pie. Sigue peleando. Dios te sostendrá.

Así que inténtalo de nuevo.

Habla de nuevo.

Perdona de nuevo.

Acércate de nuevo.

Sal a comer de nuevo.

Sigue orando.

Sigue creyendo.

Permite que Dios vuelva a encender tu corazón. Y comienza a amar como si nunca te hubieran herido.

NOTAS

Introducción

1. Mark Twain, *The Tragedy of Pudd'nhead Wilson* (Hartford, Conn.: American Publishing Company, 1900), http://twain.lib.virginia.edu/wilson/facsimile/pwchap16f.html.

Capítulo 3: Nunca es equivocado amar

1. "10 Leading Causes of Death by Age Group, United States—2015", National Center for Injury Prevention and Control, Centers for Disease Control and Prevention, consultado en línea el 13 de julio de 2017, https://www.cdc.gov/injury/wisqars/pdf/leading_causes_of_death_by_age_group_2015-a.pdf.

2. Mark L. Hatzenbuehler, "The Social Environment and Suicide Attempts in Lesbian, Gay, and Bisexual Youth", *Pediatrics* 127, no. 5 (2011), http://pediatrics.aappublications.org/content/early/2011/04/18/peds.2010-3020.

Capítulo 4: Deja de llevar la cuenta y empieza a perder la cuenta

1. C. S. Lewis, *Mere Christianity* (New York: HarperOne, 2017), p. 115.

2. "Frequently Asked Questions: What's the Best Way to Get Heinz Ketchup out of the Iconic Glass Bottle?", H. J. Heinz Company, consultado en línea el 13 de julio de 2017, http://heinz.custhelp. com/app/answers/detail/a_id/3502/related/1.

3. "Learning To Forgive May Improve Well-Being", *ScienceDaily*, 4 de enero de 2008, www.sciencedaily.com/releases/2008/01/0801 04122807.htm.

4. Personal de la Clínica Mayo, "Forgiveness: Letting Go of Grudges and Bitterness", *Healthy Lifestyle: Adult Health*, 11 de noviembre de 2014, http://www.mayoclinic.org/healthy-lifestyle/adult-health/ in-depth/forgiveness/art-20047692.

5. Xue Zheng, Ryan Fehr, Kenneth Tai, Jayanth Narayanan, y Michele J. Gelfand, "The Unburdening Effects of Forgiveness: Effects on Slant Perception and Jumping Height", *Social Psychological and Personality Science* 6, no. 4 (2014), https://pdfs.semanticscholar. org/2e0c/27023bad7762d24c79d994214462403f3cd4.pdf.

6. Corrie ten Boom, *Tramp for the Lord* (New York: Berkley, 2002), p. 192.

7. Ibid., pp. 49–51.

Capítulo 7: Luchadores, incendiarios y pacificadores

1. Benjamin Franklin, *The Art of Virtue* (New York: Skyhorse Publishing, 2012), portada.

Capítulo 9: Lucha por tu matrimonio

1. Dr. Holly Hein, *Sexual Detours* (New York: St. Martin's, 2000), p. 77.

2. Pew Research Center, "The Gender Gap in Religion around the World" (estudio demográfico), 22 de marzo de 2016, http://www.pewforum.org/2016/03/22/the-gender-gap-in-religion-around-the-world/.

Capítulo 10: Un fundamento duradero

1. Rome Neal, "Official End of Legendary Feud", CBS News, 13 de junio de 2003, http://www.cbsnews.com/news/official-end-of-legendary-feud/.

2. Robertson McQuilkin, "Living by Vows", *Christianity Today*, 1 de febrero de 2004, http://www.christianitytoday.com/ct/2004/februaryweb-only/2-9-11.0.html?start=4.

3. Jim Priest, "Unforgettable Love Helps Couple Endure", *The Oklahoman*, 9 de abril de 2000, http://newsok.com/article/2693121.

Capítulo 11: Lucha por tu familia

1. Robert Edsel, *The Monuments Men* (Nashville: Center Street, 2010), p. 81.

2. Thomas Carlyle, *Sartor Resartus*, vol. 11 of *The World's Classics* (London: Grant Richards, 1902), p. 167.

Capítulo 12: Ama a Dios como si nunca te hubieran herido

1. Chris Fuchs, "After Three Decades, This Fortune Cookie Writer Is Passing the Baton", *NBC News*, 22 de diciembre de 2016, http://www.nbcnews.com/news/asian-america/after-three-decades-fortune-cookie-writer-passing-baton-n697831.

2. Michelle Kim, "Meet the Guy Who Writes Your Fortune in Your Fortune Cookie", *CNN*, 2 de agosto de 2016, http://www.cnn.com/2016/08/02/us/fortune-cookie-writer-wonton-food-company/.

Capítulo 13: Sigue escalando

1. Avi Shlaim, "The Declaration That Changed History Forever", *The Guardian*, 27 de junio de 2009, https://www.theguardian.com/books/2009/jun/28/balfour-and-weizmann-geoffrey-lewis.

2. Greg Asimakoupoulos, "Cheering the Invisible Victory", *Preaching Today*, consultado en línea el 6 de septiembre de 2017, http://www.preachingtoday.com/illustrations/1998/july/4466.html.

Capítulo 14: El rey tiene un movimiento más

1. Marcus Luttrell, *Lone Survivor: The Eyewitness Account of Operation Redwing and the Lost Heroes of SEAL Team 10* (Boston: Little, Brown and Company, 2007), p. 102.

2. Ibid., p. 7.

3. G.R.F., "Anecdote of Paul Morphy", *Columbia Chess Chronicle* 3, no. 7–8 (18 de agosto de 1888): 60. (Se puede leer más sobre esta historia y el cuadro que la inspiró en http://www.one-more-move-chess-art.com/One-More-Move.html.)

4. Kerry-Jayne Wilson, "Land Birds—Overview: 3. Flightless Land Birds", *Te Ara, the Encyclopedia of New Zealand*, 24 de septiembre de 2007, revisado el 20 de abril de 2015, https://teara.govt.nz/en/land-birds-overview/page-3.

ACERCA DEL AUTOR

Jentezen Franklin es el pastor principal de Free Chapel, una iglesia con varias sedes. Cada semana su programa de televisión, *Kingdom Connection*, se retransmite en las principales redes televisivas en todo el mundo. Autor de éxitos de ventas del *New York Times*, Jentezen ha escrito ocho libros, incluyendo los revolucionarios *El ayuno* y *La persona correcta, el lugar correcto, el plan correcto*.

Con la pasión de servir a otros y fomentar la unidad, Jentezen fue galardonado con el premio Martin Luther King, Jr. Mantle of Destiny Award por su trabajo y esfuerzos por la reconciliación racial. Jentezen ha trabajado como consejero para CEOs y líderes empresariales de múltiples organizaciones, y está incluido entre los graduados destacados de Barton College en Wilson, Carolina del Norte. Además, ha trabajado en un gabinete de asesores para el Presidente de los Estados Unidos.

Jentezen y su esposa, Cherise, llevan casados treinta años. Tienen cinco hijos y dos nietos, y viven en Gainesville, Georgia.